DISCURSOS QUE MUDARAM A HISTÓRIA

FERDIE ADDIS

Organização da edição brasileira
Nicolau Sevcenko

DISCURSOS QUE MUDARAM A HISTÓRIA

Tradução
Thaïs Costa

PRUMO
informação

Título original: *I Have a Dream – The Speeches That Changed History*
Copyright © 2011 Michael O'Mara Books Limited 2011

Todos os direitos reservados. Nenhuma parte desta obra pode ser reproduzida ou transmitida por qualquer forma ou meio eletrônico ou mecânico, inclusive fotocópia, gravação ou sistema de armazenagem e recuperação de informação, sem a permissão escrita do editor.

Direção Editorial
Jiro Takahashi

Editora
Luciana Paixão

Editora assistente
Anna Buarque

Assistência editorial
Roberta Bento

Preparação de texto
José Eriberto

Revisão
Dida Bessana
Rosamaria Gaspar Affonso

Capa, projeto gráfico e diagramação
SGuerra Design

Produção e arte
Marcos Gubiotti

Imagem de capa: © Sipa Press/Rex Features

CIP-Brasil. Catalogação na fonte
Sindicato Nacional dos Editores de Livros, RJ

A18d   Addis, Ferdie, 1983-
     Discursos que mudaram a história / Ferdie Addis; organização da edição brasileira Nicolau Sevcenko; [tradução Thaïs Costa]. – São Paulo: Prumo, 2012.
     240p.: 21 cm

     Tradução de: I have a dream: the speeches that changed history
     Inclui bibliografia
     ISBN 978-85-7927-197-7

     1. Discursos, alocuções, etc. I. Sevcenko, Nicolau, 1952-. II. Título.

12-4607.   CDD: 808.85
                                                                             CDU: 82-5

Direitos de edição para o Brasil: Editora Prumo Ltda.
Rua Júlio Diniz, 56 – 5º andar – São Paulo – SP – CEP: 04547-090
Tel.: (11) 3729-0244 – Fax: (11) 3045-4100
E-mail: contato@editoraprumo.com.br
www.editoraprumo.com.br
facebook.com/editoraprumo | @editoraprumo

Sumário

Introdução	9
8º – 1º Séculos a.C.: Os Oradores Clássicos	13
C. 26 d.C.: O Sermão da Montanha – Jesus de Nazaré	19
1095: O Concílio de Clermont – papa Urbano II	24
1381: Quando Adão Plantava e Eva Tecia – John Ball	29
1588: Elizabeth Passa o Exército em Revista em Tilbury – Elizabeth I	32
1653: A Dissolução do Rump Parliament – Oliver Cromwell	36
1655: Sermões – padre Antonio Vieira	40
1794: A Filosofia Política do Terror – Maximilien Robespierre	47
1814: O Adeus à Velha Guarda – Napoleão Bonaparte	51
1824: Uma Oração Popular – Frei Caneca	55

1851: Eu Não Sou Uma Mulher? – Sojourner Truth — 61

1863: O Pronunciamento em Gettysburg –
presidente Abraham Lincoln — 65

1877: Eu Nunca Mais Vou Lutar – Chefe Joseph — 70

1889: Carta Política ao País e ao Partido Republicano –
Silva Jardim — 74

1913: Liberdade ou Morte – Emmeline Pankhurst — 81

1915: Irlanda Cativa – Patrick Pearse — 85

1916: Discurso no Banco dos Réus – Sir Roger Casement — 90

1916: Não Há Salvação para a Índia – Mahatma Gandhi — 95

1939: O Primeiro Soldado do Reich Alemão – Adolf Hitler — 100

1940: Três Discursos em Tempo de Guerra –
Winston Churchill — 105

1940: O Apelo de 18 de Junho – Charles de Gaulle — 113

1941: Discurso Alusivo ao Aniversário da Revolução
de Outubro – Josef Stalin — 117

1941: Uma Data que Viverá na Infâmia –
Franklin Delano Roosevelt — 124

1944: Discurso no Dia de São Crispim e São Crispiniano –
Laurence Olivier; William Shakespeare — 130

1944: Discurso Antes do Dia D – general George S. Patton — 135

1947: Um Encontro com o Destino – Jawaharlal Nehru — 139

1954: Carta Testamento – Getúlio Vargas — 143

1960: Os Ventos da Mudança – Harold Macmillan — 149

1961: Discurso de Posse – presidente John F. Kennedy — 154

1963: Eu Tenho um Sonho – Martin Luther King Jr. — 160

1964: O Voto ou a Bala – Malcolm X — 168

1977: Carta aos Brasileiros – Goffredo Telles Jr. — 173

1980: A Dama Não Dá Voltas – Margaret Thatcher — 180

1987: Derrube Esse Muro! – presidente Ronald Reagan — 186

1990: A Libertação do Medo – Aung San Suu Kyi — 193

1994: Que Reine a Liberdade – Nelson Mandela — 197

2001: Declaração de Guerra aos Estados Unidos – Osama Bin Laden — 204

2002: O Eixo do Mal – presidente George W. Bush — 208

2003: Discurso na Véspera da Batalha – coronel Tim Collins — 214

2008: Discurso da Vitória – Barack Obama — 220

2011: Em Defesa do Meio Ambiente – Marina Silva — 226

Fontes dos discursos estrangeiros — 233

Fontes dos discursos brasileiros — 237

Agradecimentos — 239

Introdução

Um discurso brilhante é algo extraordinário. As frases excepcionais exalam uma força impressionante. Às vezes, o segredo reside na cadência das palavras: "Oitenta e sete anos atrás nossos pais construíram neste continente uma nova nação [...]". Às vezes, a arte deriva de uma metáfora ou de uma imagem poderosa: "Eu sei que meu corpo é o de uma mulher fraca e delicada; mas tenho o coração e o estômago de um rei". Outras vezes um discurso causa impacto devido a um ideal ou a uma visão forte: "Eu tenho um sonho de que meus quatro filhos pequenos um dia viverão em uma nação na qual não serão julgados pela cor de sua pele, mas pelo teor de seu caráter".

Essas declarações fixaram-se em nossa memória coletiva. É impossível pensar na Batalha da Grã-Bretanha, por exemplo, sem ouvir as ríspidas exortações de Churchill: "Devemos lutar nas praias. Devemos lutar nos campos de pouso [...]". Ninguém poderá esquecer que, em novembro de 2008, o primeiro presidente negro dos Estados Unidos disse ao mundo "a mudança chegou à América".

Mas será que um discurso, por mais memorável que seja, pode mudar a história? A tendência é achar que não. Ao refletir sobre o ritmo impetuoso da história da civilização, as batalhas e revoluções, as marchas e as migrações, as reviravoltas econômicas seria fácil concluir que forças históricas são demasiado vastas e poderosas para se sujeitar à influência de qualquer pessoa isolada e menos ainda de um único discurso. Pode-se argumentar que, em séculos passados, os cronistas antiquados, com seu foco em indivíduos, não tinham uma visão suficientemente abrangente.

E se o oposto for verdadeiro? Falar em termos de "nações" e de "forças sociais", de "normas culturais arraigadas" e de "mudanças demográficas" desconsidera o fato de que a história não é forjada por abstrações, e sim por pessoas – pessoas com ambições, sentimentos, desejos e, acima de tudo, ideias. Quando ignoramos a dimensão humana da história, não apreendemos o panorama por completo.

E embora não possam vencer batalhas ou gerir usinas elétricas, as palavras certamente mobilizam as pessoas. Há ocasiões em que as pessoas estão tomadas por sentimentos intensos, mas não sabem como expressá-los. Então, o discurso certo pode transformar esse bloqueio em uma ação certeira e positiva. John Ball fez isso quando apresentou o sermão sobre a Revolta dos Camponeses. Hitler também usou seu poder em prol de seus propósitos malignos canalizando o ressentimento alemão com os infortúnios econômicos em um ódio mortal pelos judeus.

Em outras situações, um discurso pode mudar o estado de espírito de uma população, dando-lhe mais coragem ou determinação. Quando disse às mulheres que era "uma soldada temporariamente ausente do campo de batalha", Emmeline Pankhurst lhes deu novo alento para a luta pelo voto feminino. Quando Franklin Roosevelt comunicou a seu país o ataque japonês em Pearl Harbor – "uma data marcada pela desonra" –, a América ganhou mais fôlego na Segunda Guerra Mundial.

Há ocasiões em que um discurso transmite uma mensagem importante. Nehru anunciou o nascimento da Índia como um "encontro com o destino". Macmillan assinalou o fim do imperialismo quando falou sobre os "ventos da mudança". Quando Malcolm X falou sobre "o voto ou a bala", isso foi uma advertência para os inimigos dos direitos civis.

Este livro compila alguns desses momentos nos quais as palavras de um homem ou de uma mulher realmente conseguiram mudar o mundo. Alguns desses discursos são muito conhecidos, outros, não. Eles foram proferidos nos quatro cantos do mundo por padres, papas, camponeses, escravos, soldados, ditadores, primeiros-ministros, presidentes e chefes indígenas. Mas todos têm algo em comum: em maior ou menor escala, estes discursos realmente fizeram história.

8º-1º SÉCULOS A.C.

OS ORADORES CLÁSSICOS

A arte da retórica floresceu na antiga Grécia. As apinhadas cidades-Estados do mundo grego serviam de palco perfeito para os oradores demonstrarem suas habilidades. E onde, como no caso de muitas cidades, o poder era relativamente fragmentado, um orador persuasivo podia exercer influência considerável sobre congregações políticas pequenas e facilmente controláveis.

Em assuntos legais, os melhores oradores também tinham uma nítida vantagem. Na democrática Atenas, os casos eram julgados por grandes júris civis – que apreciavam igualmente belas palavras e argumentos sólidos.

De fato, um dos primeiros heróis da literatura – o Odisseu de Homero – era mais admirado por seu talento com as palavras do que por suas habilidades no combate físico.

Assim como a filosofia e a ciência, a retórica foi logo codificada. Professores itinerantes chamados "sofistas" faziam preleções sobre o assunto, e jovens aristocratas gregos se reuniam em massa aos pés deles para aprender os segredos dessa arte. Aristóteles, o tutor de Alexandre, o Grande, e um dos primeiros intelectuais da Grécia, traçou as regras de estilo e argumentação em uma obra monumental – *A arte da retórica*. Saber falar em público tornou-se o fundamento de uma educação apropriada.

—— OS DISCURSOS ——

HOMERO – ILÍADA

A Ilíada de Homero talvez tenha sido a primeira e a melhor obra de toda a literatura ocidental. É também repleta de excelentes discursos, dos quais os seguintes estão entre os mais famosos. Agamenon, rei dos gregos, insultou Aquiles, o maior combatente do exército. Em estilo tipicamente exagerado, Aquiles se ergue para responder:

Beberrão de vinho [...] com face de cão e coração de corça, você nunca ousará sair com o exército para lutar, nem tampouco com nossos melhores homens para uma emboscada. Você evita isso da mesma maneira que evita a morte.

[...] Portanto eu digo e juro com uma grande maldição... que daqui em diante eles [*os gregos*] deverão procurar Aquiles, movidos por seu afeto, e não o encontrarão. No tempo de seu infortúnio, quando seus homens caírem mortos pela mão assassina de Heitor, você não saberá como ajudá-los e rasgará seu coração com fúria por causa da hora em que insultou o melhor dos aqueus.

PÉRICLES – ORAÇÃO FÚNEBRE

Maior líder da antiga Atenas, Péricles foi o principal responsável por fazer da cidade uma meca de arte, cultura e democracia. Neste discurso, que até hoje é considerado uma obra-prima de oratória, ele homenageia os mortos no primeiro ano da Guerra do Peloponeso contra Esparta.

Esta é a cidade pela qual estes homens lutaram e morreram nobremente; eles não toleravam a ideia de que ela pudesse ser tirada deles; e cada um de nós que ainda vive deverá labutar de boa vontade por ela.

[...]

Este foi o fim desses homens; eles eram dignos de Atenas, e os vivos não precisam almejar um espírito mais heroico, embora possam rogar por uma saída menos fatal. O valor de tal espírito não deve ser expresso em palavras.

[...]

Pois a terra toda é o sepulcro de homens famosos; eles não só são celebrados por colunas e inscrições em seu próprio país, como em terras estrangeiras também há um memorial não escrito para eles, gravado não só na pedra, como no coração dos homens. Façam deles seus exemplos, respeitem a coragem para obter a liberdade e a liberdade para obter a felicidade, e não ponderem com demasiada minúcia os perigos da guerra.

DEMÓSTENES – TERCEIRA FILÍPICA

Demóstenes foi um estadista ateniense do século 4 a.C. que dedicou sua vida à arte da oratória. Acredita-se que, quando jovem, costumava treinar sua voz falando com seixos na boca ou gritando mais alto do que o ruído das ondas.

Seus discursos mais famosos são as Filípicas, *nome que faz referência a Filipe II da Macedônia, um rei do norte, que Demóstenes acreditava representar uma ameaça mortal à liberdade e à democracia de Atenas.*

Apesar dos esforços de Demóstenes, Atenas foi derrotada pelos exércitos de Filipe. As Filípicas, *porém, continuam sendo um modelo de retórica ao longo de várias gerações.*

Muitas coisas poderiam ser mencionadas hoje pelos olíntios, as quais os teriam salvado da destruição caso as houvessem previsto. Muitas poderiam ser mencionadas pelos orites, muitas pelos fócidas, muitas por cada cidade arruinada.

Mas que proveito isso teria para eles?

[...]

Portanto, nós também, atenienses, enquanto estivermos seguros, afortunados com uma cidade excelente, amplas vantagens e a reputação mais justa – o que devemos fazer? Talvez alguns de meus ouvintes há muito estejam ansiosos para fazer essa pergunta. [...] Para começar, devemos assegurar nossa defesa, quero dizer, com galeotas de guerra, recursos financeiros e homens; pois, mesmo que todos os outros Estados sucumbam à escravidão, certamente nós devemos empreender a batalha pela liberdade.

CÍCERO – DÉCIMA TERCEIRA FILÍPICA

Cícero foi o melhor orador da antiga Roma. Desde sua juventude, sua perícia nas tribunas era lendária – e temida. Seus discursos podiam arruinar carreiras e demolir reputações.

Seu brilhantismo logo lhe trouxe destaque na política romana, em um momento no qual as guerras civis estavam arrasando a República. Suas Filípicas, *nome extraído dos discursos de Demóstenes, foram um conjunto de 14 prédicas atacando Marco Antônio, líder de uma das facções mais poderosas. Quando este discurso (o décimo terceiro) foi feito, Antônio estava pedindo paz ao Senado. Cícero estava convicto de que devia haver guerra.*

Vocês têm repudiado os atos de Marco Antônio; vocês têm humilhado suas leis; vocês têm decretado que eles são ditados pela violência e com descaso pelos auspícios; vocês têm evocado os recrutamentos por toda a Itália; vocês têm declarado que esse colega e aliado de toda a maldade é um inimigo público. Que paz pode haver com esse homem? Mesmo se ele fosse um inimigo estrangeiro, ainda assim, após tais ações terem ocorrido, dificilmente seria possível, por quaisquer que fossem os meios, ter paz. Por mais que mares e montanhas e vastas regiões se interponham entre vocês, vocês ainda odiariam esse homem mesmo sem vê-lo. Mas esses homens grudarão em seus olhos e, quando puderem, até em sua garganta; será que há barreiras suficientemente fortes para nós refrearmos feras selvagens?

C. 26 D.C.
O SERMÃO DA MONTANHA

JESUS DE NAZARÉ
(c. 5 a.C.-c. 30 d.C.)

Ninguém sabe ao certo quando Jesus fez o Sermão da Montanha e ainda hoje não se tem fatos muito concretos sobre sua vida. A única certeza é que houve um pregador judeu com esse nome, o qual foi crucificado em algum momento em Jerusalém durante o reinado do imperador romano Tibério.

Apesar disso, o citado discurso provavelmente foi o mais influente de todos os tempos – se é que foi um discurso e se é que ele o fez. Há quem argumente que aquilo que os Evangelhos apresentam como um único sermão é de fato um apanhado poético dos ensinamentos ministrados ao longo de três anos.

Mas o que realmente aconteceu talvez importe menos do que a versão do que se acredita ter acontecido, conforme se vê nos Evangelhos escritos por seguidores de Jesus bem depois de sua morte. Esses livros, que são as escrituras centrais do cristianismo, registram um discurso que, no contexto da antiga religião, é verdadeiramente revolucionário. Jesus resumiu séculos da tradicional lei judaica, originária de Moisés, e deixou-os gravados na memória coletiva.

O DISCURSO

A seguinte versão é proveniente do Evangelho de São Mateus

Bem-aventurados os pobres de espírito, porque deles é o reino dos céus.

Bem-aventurados os que choram, porque serão consolados.

Bem-aventurados os mansos, porque herdarão a terra.

Bem-aventurados os que têm fome e sede de justiça, porque serão saciados.

Bem-aventurados os misericordiosos, porque obterão misericórdia.

Bem-aventurados os puros de coração, porque verão a Deus.

Bem-aventurados os pacíficos, porque serão chamados filhos de Deus.

Bem-aventurados os que sofrem perseguição por seu amor à justiça, porque deles é o reino dos céus.

[...]

Ouvistes que foi dito aos antigos, não matarás, e quem matar será submetido ao juízo do tribunal:

Mas eu vos digo que todo aquele que se irar sem causa contra seu irmão será submetido ao juízo do tribunal [...]

Ouvistes que foi dito aos antigos, não cometerás adultério:

Mas eu vos digo que todo o que olhar para uma mulher cobiçando-a já cometeu adultério com ela em seu coração [...]

Também foi dito: aquele que repudiar sua mulher, dê-lhe libelo de repúdio:

Eu, porém, vos digo, todo aquele que repudiar sua mulher, a não ser por causa de fornicação, a expõe ao risco de cometer adultério; e quem a desposar comete adultério.

Igualmente ouvistes que foi dito aos antigos, não perjurarás, mas guardarás para com o Senhor os teus juramentos:

Eu, porém, vos digo, não jureis de modo algum; nem pelo céu, porque é o trono de Deus; nem pela terra, porque é o escabelo de seus pés; nem por Jerusalém, porque é a cidade do grande rei [...]

Ouvistes o que foi dito: Olho por olho, e dente por dente:

Eu, porém, vos digo que não deveis resistir ao que é mau; mas, se alguém vos ferir na face direita, apresenta-lhe também a outra.

[...]

Vós, pois, orai assim:

Pai nosso que estais no céu, santificado seja o vosso nome. Venha a nós o vosso reino. Seja feita a vossa vontade assim na terra como no céu.
O pão nosso de cada dia nos dai hoje.
Perdoai as nossas ofensas, assim como nós perdoamos aos que nos têm ofendido.
E não nos deixeis cair em tentação, mas livrai-nos do mal: Pois vosso é o reino, o poder e a glória para sempre. Amém.

—— AS CONSEQUÊNCIAS ——

Esse discurso estabelece a base de um novo sistema radical de crença religiosa. A velha moralidade baseada na justiça do "olho por olho" é substituída por um conjunto de regras totalmente diverso, que valoriza mais a modéstia humilde do que a indignação justiceira.

Difundida pelos quatro evangelistas: Marcos, Mateus, Lucas e João –, a mensagem dos Evangelhos (literalmente "boas novas") provou ser muito mais poderosa do que se podia imaginar. No prazo de cem anos após a morte de Jesus, o imperador romano Nero estava tão perturbado com a grande legião de "cristãos" que resolveu incendiá-los para iluminar seus jardins.

Dois séculos mais tarde, outro imperador, Constantino, o Grande, percebeu para que lado o vento estava soprando e fez do cristianismo a religião oficial de todo o Império Romano, desde as florestas da Alemanha até o deserto do Saara.

Um milênio depois, quando os Estados cristãos da Europa começaram a expandir seus próprios impérios, a mensagem do Sermão foi levada (às vezes na ponta da espada) aos rincões mais longínquos do globo. Hoje, revestido de diversas formas, o cristianismo ainda é a religião predominante no planeta.

1095
O CONCÍLIO DE CLERMONT

PAPA URBANO II
(c. 1035-1099)

No fim do século XI, a Europa ocidental estava começando a sair do longo declínio da Idade Média. No entanto, enquanto os contornos de nações modernas começavam a surgir no Ocidente, a luz da civilização se desvanecia no Oriente. O Império Bizantino, devastado por séculos de invasão islâmica, fora reduzido a um naco ínfimo em torno de sua capital, Constantinopla.

Por fim, em 1095, o imperador de Bizâncio, Aleixo I, da dinastia dos Comnenos, engoliu seu orgulho e enviou uma mensagem ao papa Urbano II em Roma pedindo ajuda contra os infiéis saqueadores.

Apesar das duradouras diferenças religiosas entre o Oriente e o Ocidente, o papa Urbano foi solidário com o problema de seus camaradas cristãos. Além dos motivos religiosos óbvios, uma missão militar ao Oriente traria benefícios bem mais mundanos. O império perdido de Bizâncio era um território rico, ou seja, uma recompensa tentadora para cavaleiros ocidentais carentes de terras. E, ao uni-los contra um inimigo em comum, Urbano esperava dar fim às constantes rixas mesquinhas que ainda ameaçavam desmantelar a Europa.

Assim, em 1095, o papa realizou um concílio de clérigos e reis em Clermont (atual Clermont-Ferrand), na França. Nessa ocasião, fez um discurso que mudou o curso da Idade Média e deixou uma marca indelével na cultura ocidental.

—— O DISCURSO ——

Oh, raça de francos, raça do outro lado das montanhas, raça escolhida e amada por Deus [...]! A vocês dirigimos nosso discurso e a vocês fazemos nossa exortação.

[...]

Dos confins de Jerusalém e da cidade de Constantinopla foi disseminada uma história horrível que, com frequência, tem chegado aos nossos ouvidos, mais precisamente de que uma raça do reino dos persas, uma raça maldita, uma raça totalmente dissociada de Deus [...] invadiu as terras daqueles cristãos e as têm despovoado pela espada, pilhagem e incêndios [...]

Eles destroem os altares, após os macularem com sua imundície. Eles circuncidam os cristãos e espalham o sangue da circuncisão nos altares ou o vertem nas pias batismais. Quando querem torturar pessoas até a morte, eles perfuram seu umbigo e, puxando a ponta dos intestinos, os pregam em uma estaca; depois, com chicotadas, arrastam a vítima até que, com as vísceras jorrando para fora, ela caia prostrada no chão.

[...]

O reino dos gregos agora está desmembrado por eles e privado do território de extensão tão vasta que não pode ser atravessado em uma marcha de dois meses. A quem cabe, portanto, a tarefa de vingar essas injustiças e retomar esse território, senão a nós? Vocês, aos quais acima de outras nações Deus conferiu uma glória notável em armas, grande bravura, disposição corporal e força para humilhar o couro cabeludo daqueles que lhes opõem resistência.

Afinal, esta terra na qual vocês vivem, cercada de todos os lados por mares e por picos de montanhas, é estreita demais para sua grande população; não tem riqueza abundante; e mal fornece alimento suficiente para seus agricultores. Por isso, vocês se matam entre si, entram em guerra e frequentemente morrem devido às feridas mútuas.

Portanto, deixem de lado o ódio entre vocês, deem fim às suas querelas, parem de guerrear e abafem todas as dissensões e controvérsias. Sigam o caminho até o Santo Sepulcro [*uma igreja antiga que marca o local em que Cristo foi enterrado*]; tirem aquela terra da raça maligna e subjuguem-na para si mesmos [...] Mais fértil do que qualquer outra, aquela terra é como outro paraíso repleto de deleites.

Deus lhes deu, acima de todas as nações, grande glória em armas. Por isso, empreendam essa jornada para a remissão de seus pecados, com a certeza da glória imortal do reino dos céus.

[...]

—— AS CONSEQUÊNCIAS ——

Urbano dirigiu seu discurso a reis e príncipes, mas sua mensagem foi tão poderosa (e sua promessa de "remissão dos pecados" tão instigante) que multidões de camponeses foram em marcha para a Terra Santa, armados apenas de forcados e fé cega. Obviamente, tais armas eram insuficientes para enfrentar os disciplinados arqueiros turcos que os massacraram assim que eles entraram na Ásia.

No entanto, os nobres da Europa também atenderam ao chamado do papa. Em 1099, um exército de cruzados, comandado pelo conde de Toulouse, chegou a Jerusalém, pilhando e saqueando a cidade conforme o velho costume ocidental.

Findo o derramamento de sangue, os cruzados descobriram uma cultura que em vários aspectos era mais avançada do que a deles. Mercadores cristãos trouxeram sedas e especiarias do Oriente. Eruditos ocidentais traduziram textos árabes, muitas vezes usando traduções de obras esquecidas da antiga Grécia.

Jerusalém ficou sob o domínio dos cruzados por menos de um século, mas, graças a esse intercâmbio cultural, o conceito do algarismo zero e a álgebra se disseminaram. Essa não era a intenção do papa Urbano, mas foi após seu discurso em Clermont que o Ocidente passou a perceber que o mundo era bem mais vasto.

1381
Quando Adão Plantava e Eva Tecia

JOHN BALL
(c. 1338-1381)

No fim do século XIV a Inglaterra era um lugar sombrio e bastante pobre. Décadas de guerra e pestes haviam condenado as massas à pobreza constante, e a nobreza dominante mantinha grandes contingentes da população em um estado de miserável servidão, dependentes da terra e castigados por impostos.

Foi nesse universo problemático que surgiu John Ball, um padre itinerante e agitador em tempo integral que pregava a igualdade social. Naturalmente, ele foi logo excomungado pela Igreja por promover tal doutrina sediciosa, e os dignitários do rei o mantiveram preso quase permanentemente, mas, em 1381, um levante popular o tirou da obscuridade (e da Prisão Real em Maidstone) elevando-o à condição de rebelde lendário.

O levante foi a Revolta dos Camponeses, um movimento caótico de agricultores que protestavam contra a introdução de um imposto que cobrava um xelim por adulto. Liderados pelo enigmático Wat

Tyler, bandos de camponeses de Essex e Kent, brandindo forcados, rumaram para Londres se agrupando em Blackheath, ao sul da cidade.

Esse foi o grande momento de John Ball. Diante da multidão colérica, ele se preparou para fazer um discurso que entraria para a história.

—— O DISCURSO ——

Quando Adão plantava e Eva tecia, quem era o patrão?

Desde o início todos os homens por natureza foram criados semelhantes, e nossa escravidão ou servidão se originou da opressão injusta de homens desobedientes. Porque se quisesse escravos desde o princípio, Deus teria apontado quem deveria ser escravo e quem deveria ser livre.

Portanto, eu os exorto a considerar que agora é chegada a hora, apontada a nós por Deus, na qual vocês podem, se quiserem, se desprender do jugo da escravidão e recuperar a liberdade.

—— AS CONSEQUÊNCIAS ——

Instigados pelo sermão de John Ball, os rebeldes entraram em Londres, onde apavoraram os cidadãos e causaram devastação. Eles incendiaram o palácio do aristocrata John de Gaunt e assassinaram Simon Sudbury, o arcebispo de Cantuária.

Por fim, o próprio rei se dispôs a conversar com os rebeldes. Parecia que o movimento alcançaria a vitória – porém, durante a conversa, o líder rebelde Wat Tyler foi abatido pelo prefeito de Londres. Ao que consta, o prefeito desaprovava a maneira grosseira com que Tyler tomava cerveja.

O rei prometeu concessões, e os rebeldes voltaram relutantemente para casa. Mas, assim que se dispersaram, as concessões foram abandonadas e os líderes da rebelião, presos. Em 12 de julho de 1381, John Ball foi enforcado, arrastado e esquartejado.

Sua revolta acabou fracassando, mas seu legado foi bastante duradouro. No decorrer do século seguinte, a instituição da servidão na Grã-Bretanha foi lentamente perdendo terreno. Nesse ínterim, a forma de cristianismo radical e anticlerical de Ball se disseminou e acabou resultando na Reforma Inglesa.

Foi nessa tradição protestante que, quatrocentos anos após o discurso de John Ball, os Pais Fundadores dos Estados Unidos buscaram inspiração. Ao declarar "que todos os homens são criados iguais", eles também ecoaram inconscientemente as palavras de Ball.

1588
ELIZABETH PASSA O EXÉRCITO EM REVISTA EM TILBURY

ELIZABETH I

(1533-1603)

Em 1588, a Inglaterra enfrentava uma das maiores ameaças na história do país. Filipe II da Espanha enviara uma imensa armada de navios para a costa de Flandres. Ali, do outro lado do Canal da Mancha, seu aliado, o duque de Parma, estava à espera com um vasto exército para invadir as Ilhas Britânicas. Se Parma conseguisse encontrar a armada e usá-la para desembarcar na costa da Inglaterra, as mirradas forças de defesa teriam pouca chance.

O pequeno exército inglês se agrupou em Tilbury, no estuário do Tâmisa, onde se supunha que o duque de Parma tentaria desembarcar. Enquanto os ingleses aguardavam por lá, a armada, avistada na Cornualha em 19 de julho, continuava avançando.

Foi sob essas circunstâncias terríveis que a própria Elizabeth chegou para ver as tropas. Há poucos relatos confiáveis de testemunhas oculares, mas, segundo a tradição, ela apareceu usando não um vestido majestoso, e sim um imponente escudo peitoral e brandindo um cassetete de prata. Embora suas palavras exatas não tenham sido registradas na época, uma carta de 1623 dá sua versão do discurso da rainha.

—— O DISCURSO ——

Certas pessoas que zelam por nossa segurança têm nos persuadido a observar como, por temor de uma traição, nos comprometemos com bandos armados; mas eu lhes asseguro que não quero viver desconfiando de meu povo dedicado e leal.

Os tiranos é que devem ter medo. Eu sempre me conduzi assim, já que, abaixo de Deus, deposito minha maior força e salvaguarda no coração leal e na boa vontade de meus súditos; e, portanto, como vocês podem ver, estou aqui entre vocês neste momento, não para minha recreação e entretenimento, mas decidida, no meio e no calor da batalha, a viver e morrer entre todos vocês; a sacrificar por meu Deus, por meu reinado e meu povo, minha honra e meu sangue até a morte.

Eu sei que meu corpo é o de uma mulher fraca e delicada; mas tenho o coração e o estômago de um rei, e também de um rei da Inglaterra, e julgo uma insensatez que Parma ou a Espanha ou qualquer príncipe da

Europa ouse invadir as fronteiras do meu reino; mais do que a desonra que eu possa sentir, pegarei pessoalmente em armas, serei seu general, juiz e recompensador de qualquer uma de suas virtudes em campo. Eu já sei que, por sua prontidão, vocês mereceram recompensas e coroas; e nós damos a palavra real de que elas serão devidamente pagas a vocês. Entrementes, meu general de exército [*o conde de Leicester*] ficará em meu lugar, sendo que um príncipe nunca comandou uma questão mais nobre ou digna; não tenho dúvida de que, graças à sua obediência ao meu general e à sua harmonia e bravura em campo, nós logo teremos uma vitória esplêndida sobre esses inimigos do meu Deus, do meu reino e do meu povo.

—— AS CONSEQUÊNCIAS ——

Elizabeth não tinha como saber que o perigo já passara. Enquanto fazia seu discurso inflamado, a armada estava dobrando a ponta da Escócia, tendo sido ferozmente perseguida na maior parte do tempo pela vitoriosa esquadra britânica.

O duque de Parma ainda se movimentava ameaçadoramente no canal, mas a esquadra espanhola jamais conseguiu alcançá-lo conforme o prometido. Quando o verão deu lugar ao outono, os combalidos navios de batalha estavam no Atlântico Norte, onde tempestades inoportunas destruíram vários deles nas costas rochosas da Escócia e da Irlanda. A invencível armada de Filipe foi humilhada e arruinada.

Embora Elizabeth jamais tenha provado seu brio másculo em uma batalha, logo surgiram tributos poéticos a ela. A "Rainha Virgem" e sua ida a Tilbury viraram lenda. Elizabeth, com a ajuda de seus propagandistas, foi transformada em um símbolo, uma visão idealizada do próprio espírito da Inglaterra.

1653
A DISSOLUÇÃO DO RUMP PARLIAMENT

OLIVER CROMWELL
(1599–1658)

Oliver Cromwell ganhou visibilidade como o bem-sucedido comandante das forças parlamentares, lutando com o Partido Puritano contra os partidários do rei Carlos I na Guerra Civil Inglesa. De 1642 até 1648, batalhas se sucederam por toda a Grã--Bretanha até que finalmente os monarquistas foram derrotados.

Em 1649, após negociações longas e malsucedidas, o obstinado rei foi executado por ordem do Parlamento. Cromwell então se tornou o homem mais poderoso do país.

Seu objetivo era estabelecer um governo de "santos" – homens devotos de sua própria fé congregacionalista –, mas para fazer isso constitucionalmente era preciso haver uma mudança no chamado "Rump Parliament"* que permanecera no poder após a morte de Carlos.

---

* Em inglês, o termo "rump" significa parte de um grupo do governo que permanece após a saída da maioria dos demais membros. (N.T.)

Durante anos, Cromwell aguardou sua reforma gloriosa. Mas, com o passar do tempo, ficou claro que os membros do Parlamento Rump só estavam interessados no próprio bem-estar.

Por fim, em 1653, ele se cansou de esperar. Acompanhado por um grupo de soldados, ele foi à Câmara dos Comuns e fez o seguinte discurso inflamado.

—— O DISCURSO ——

Está mais do que na hora de eu dar um fim à sua permanência neste lugar, o qual vocês desonram com seu desrespeito por toda virtude e maculam praticando todos os vícios.

Vocês são um bando sedicioso e inimigo de todo bom governo. Vocês são um bando de miseráveis mercenários e, como Esaú, venderiam seu país por uma gororoba e, como Judas, trairiam seu Deus em troca de algumas moedas.

Ainda sobrou sequer uma virtude entre vocês? Há algum vício que vocês não tenham?

Vocês têm tanto senso de religião quanto meu cavalo. O ouro é seu Deus. Qual de vocês não trocou a consciência por subornos? Há algum homem entre vocês que tenha o mínimo de zelo pelo bem da Comunidade Britânica?

Vocês, sórdidas prostitutas, não macularam este lugar sagrado e transformaram o templo do Senhor em um covil de ladrões devido a seus princípios imorais e práticas iníquas?

Vocês se tornaram intoleravelmente odiosos para toda a nação. Vocês foram colocados aqui pelo povo para reparar injustiças, mas vocês mesmos se tornaram a maior razão de desgosto.

Seu país, portanto, apelou a mim para limpar este estábulo de Áugias*, colocando um ponto-final em seus procedimentos iníquos nesta casa; e, com a ajuda de Deus e a força que Ele me deu, é isso que faço agora.

Eu lhes ordeno, portanto, que saiam imediatamente deste lugar, caso contrário, sua vida está em risco.

Vão, saiam! Se apressem! Seus escravos venais, deem o fora! Isso! E tirem aquela bugiganga cintilante dali [*indicando o cetro cerimonial usado pelos parlamentares*] e fechem as portas.

Em nome de Deus, retirem-se!

---

* Na mitologia grega, Áugias foi um dos Argonautas. Ele é famoso por seus estábulos, que guardavam um grande número de bovinos e jamais haviam sido limpos até a época do herói Hércules. (N.E.)

—— AS CONSEQUÊNCIAS ——

Até para os padrões do século XVII esta foi uma denúncia extraordinária, apresentada com a ira incandescente de um profeta do Velho Testamento. Como um mensageiro divino, Cromwell queria varrer a corrupção da velha ordem parlamentar.

Após a dissolução do Rump Parliament, a condução do Estado foi assumida pelo conselho de oficiais de alta patente do Exército que, por fim, montou o ansiado Parlamento de "santos". Porém, para decepção de Cromwell, esse grupo de protestantes provou não ser melhor do que os parlamentares anteriores. Ele pediu ao atual Parlamento para elaborar um programa de reformas visando transformar a Inglaterra em um país verdadeiramente piedoso, mas em dezembro de 1653, exauridos por divergências mesquinhas, os Santos desistiram e votaram pela dissolução de sua própria assembleia.

Forçado a admitir que seu experimento fracassara, Cromwell assumiu o controle e se autonomeou lorde-protetor em 1654. Como chefe de Estado, tomou o lugar do rei que ele tanto lutara para derrubar. Apesar de todos os seus esforços, ao morrer, em 1658, Cromwell não legou um sistema político duradouro e, dois anos após sua morte, o país retomou a velha monarquia sob o comando do rei Carlos II. Essa monarquia permanece intacta até hoje.

1655
SERMÕES

PADRE ANTONIO VIEIRA
(1608-1697)

Na grande batalha de Alcácer-Quibir, travada no norte do Marrocos em 1578, o Exército português foi fragorosamente derrotado pelas tropas muçulmanas comandadas pelo sultão Mulei Moluco. As perdas portuguesas foram imensas, incluindo a morte do próprio imperador Dom Sebastião, cujo corpo nunca foi encontrado. Para completar a tragédia, tendo o rei morrido sem deixar um herdeiro, extingue-se a dinastia de Aviz e Portugal passaria para o domínio espanhol por um longo período (1580-1640).

Foi o momento mais sombrio do império português que, desde que iniciara sua expansão ultramarina no século XV, havia se tornado uma das mais prósperas potências da Europa moderna. Submetidos à coroa espanhola do imperador Felipe II, os territórios do ultramar seriam alvo dos ataques das nações protestantes, inimigas da Espanha. Ingleses e holandeses invadiram, saquearam e se apropriaram de possessões portuguesas na Ásia e na África, ocupando inclusive as ricas áreas açucareiras do Nordeste do Brasil. A aflição coletiva colabora para difundir a esperança messiânica do retorno salvador de Dom Sebatião, "o desejado". Mesmo quando reconquista sua independência em 1640, com a subida ao trono do rei Dom João IV, Portugal se encontra depauperado, enfraquecido, tendo perdido a maior parte de seus territórios do ultramar.

É nesse momento de dúvidas e ansiedades sobre o futuro que entra em cena uma das mais notáveis figuras da cultura luso-brasileira de todos os tempos, o missionário e pregador jesuíta Antonio Vieira. Nascido em Lisboa, em 1608, como primeiro dos quatro filhos do escrivão Cristovão Vieira Ravasco (cuja mãe era filha de uma mulata), em 1614 ele se mudou com a família para Salvador, quando o pai foi nomeado para o Tribunal de Relação da Bahia. Aos 15 anos foge de casa e, contra a vontade do pai, entra para o noviciado da Companhia de Jesus. Ainda como aluno do Colégio dos Jesuítas, num momento de transporte místico, ele revela ter recebido uma inspiração ("um estalo"), confirmando sua vocação missionária. Seja como for, seus talentos intelectuais, sobretudo sua oratória arrebatadora, o transformam rapidamente num prodígio.

Multidões se reúnem para ouvir, transidas, seus sermões. Sua celebridade precoce fez que fosse nomeado, aos 33 anos, para a delegação enviada a Portugal, em 1641, para saudar o novo rei. Mal chega a Lisboa, torna-se a grande atração da capital e Dom João IV o nomeia seu conselheiro pessoal. Vieira se transformaria assim no maior estadista do Império português, nesse momento de crise e provação.

Sua proposta para restaurar a economia e promover a coesão social envolvia a pregação da tolerância, a denúncia de preconceitos e discriminações. Pregava contra o Tribunal da Inquisição, que perseguia judeus e cristãos-novos. Pregava contra a escravização dos índios e denunciava a violência contra os africanos escravizados. Pregava pela abertura de Portugal aos estrangeiros e às ideias novas. Sobretudo vislumbrava o futuro do mundo como uma nova harmonia dos povos e das culturas. Seria o advento do "Quinto Império", um reino de paz e bem-aventurança, a volta do "desejado", a ser realizada nas terras da América.

—— TRECHOS ——

Uma das coisas mais notáveis que Deus revelou e prometeu antigamente foi que ainda havia de criar um novo céu e uma nova terra. Assim o disse por boca do profeta Isaías: *Ecce ego creo Coelos novos et terram novam*. É certo que o Céu e a Terra foram criados no princípio do mundo: *in principio creavit Deus coelumm et terram*; e também é certo entre todos os Teólogos e Filósofos que, depois daquela primeira criação, Deus não criou, nem cria substância alguma material e corpórea, porque somente cria de novo as almas, que são espirituais: logo, que terra nova e que céus novos são estes que Deus tanto tempo antes prometeu que havia de criar? Outros os que entendem de outra maneira, não sei se muito conforme à letra. Eu, seguindo o que ela simplesmente soa e significa, digo que esta nova terra e estes novos céus são a terra e os céus do Mundo Novo descoberto pelos Portugueses. Não é verdade que quando os nossos argonautas começaram e prosseguiram as suas primeiras navegações iam juntamente descobrindo novas terras, novos mares, novos climas, novos céus, novas estrelas? Pois essa é a terra nova e esses são os céus novos que Deus tinha prometido que havia de criar, não porque não estivessem já criados desde o princípio do mundo, mas porque era este o Mundo Novo tão oculto e ignorado dentro no mesmo mundo, que quando de repente se descobriu e apareceu, foi como se então começara a ser, e Deus o criara de novo. E porque o fim deste descobrimento ou desta nova criação era a Igreja também nova que Deus pretendia fundar no mesmo Mundo Novo, acrescentou logo (pelo mesmo Profeta e pelos mesmos termos) que também havia de criar uma nova Jerusalém, isto é, uma nova Igreja, na qual muito se agradasse: *Quia ecce creo Jerusalem exultationem et populum eius gaudium.*" (*Sermão. IV, 496-497*)

Como hão de ser as palavras? Como as estrelas. As estrelas são muito distintas, e muito claras. Assim há de ser o estilo da pregação, muito distinto e muito claro. E nem por isso temais que pareça o estilo baixo: as estrelas são muito distintas, e muito claras, e altíssimas. O estilo pode ser muito claro, e muito alto: tão claro, que o entendam os que não sabem; e tão alto, que tenham muito que entender nele os que sabem." (*Sermão da Sexagésima*)

"Fê-los Deus a todos de uma mesma massa, para que vivessem unidos, e eles se desunem: fê-los iguais, e eles se desigualam: fê-los irmãos, e eles se desprezam do parentesco..." (*Sermão 27º do Rosário*)

"Os Senhores poucos, e os Escravos muitos; os Senhores rompendo galas, os Escravos despidos e nus; os Senhores banqueteando, os Escravos perecendo à fome; os Senhores nadando em ouro e prata, os Escravos carregados de ferros; os Senhores tratando-os como brutos, os Escravos adorando-os, e temendo-os como deuses; os Senhores em pé apontando para o açoite, como Estátuas da soberba e tirania, os Escravos prostrados com as mãos atadas atrás como Imagens vilíssimas da servidão, e Espetáculos da extrema miséria." (*Sermão 27º do Rosário*)

"Na Igreja de Deus há-de haver um novo estado, felicíssimo e diferente do presente e dos passados, em que no mundo todo não há-de haver outra crença nem outra lei senão a de Cristo [...] e que neste tempo em que todo o Mundo estiver reduzido ao conhecimento da nossa Santa Fé Católica, se há-de consumar o Império de Cristo, e que este é o Quinto Império profetizado por Daniel, e que então há-de haver no Mundo a paz universal prometida pelos Profetas no tempo do Messias, a qual ainda não está cumprida senão incoadamente, e que no tempo deste Império de Cristo há-de haver no Mundo um só Imperador, a que obedeçam todos os reis e todas as nações do Mundo, o qual há-de ser Vigário de Cristo no temporal, assim como o Sumo Pontífice no espiritual; e que todo esse novo estado da Igreja há-de durar por muitos anos, e que a cabeça deste Império temporal há-de ser Lisboa, e os reis de Portugal os imperadores supremos, e que neste tempo há-de florescer universalmente a justiça, inocência e santidade em todos os estados." (*Petição ao Conselho Geral da Inquisição*)

—— AS CONSEQUÊNCIAS ——

Com a morte de Dom João IV, seu protetor, a sorte de Vieira começa a periclitar. Seus inimigos eram muitos, na corte, na Inquisição, na Igreja e entre os proprietários de terras no Brasil. Perseguido, ameaçado e condenado ao silêncio, Vieira consegue negociar um exílio em Roma e lá o prodígio se manifesta novamente. Seus sermões encantam as autoridades e o público italiano. Torna-se protegido do principal da Companhia de Jesus, da rainha Cristina da Suécia e do próprio papa Clemente X, que o absolve, garantindo-lhe a imunidade contra novas investidas da Inquisição. Volta ao Brasil e dedica seus últimos anos à redação de suas obras proféticas e à proteção dos índios. Morreu cego e inválido no Colégio de Salvador, em 1697, aos 89 anos.

Perseguido pelos poderosos no Brasil, como o fora em Portugal, Vieira deixou uma vasta obra publicada, composta por catorze volumes de seus célebres sermões, permanecendo inédita ainda grande coleção de cartas, sermões, documentos e seus escritos proféticos. Com o tempo, entretanto, o prestígio do pregador só aumentou, chegando a um reconhecimento e admiração consagradores, tanto em Portugal quanto no Brasil. Fernando Pessoa lhe deu o título de "imperador da língua portuguesa".

Ele não só dominou como ninguém os recursos vocabulares, fonéticos e expressivos da língua portuguesa, como lhe deu dimensões simbólicas, imagísticas e transcendentes que ainda hoje constituem o seu horizonte mais luminoso, sua fronteira mais intrigante. Porém, mais que isso, Vieira é a fonte quintessencial da latência visionária que pulsa ao longo da tradição cultural luso--brasileira. A mesma que haveria de ecoar na voz de Tiradentes, de Frei Caneca, de Silva Jardim... Numa analogia sublime, Vieira dizia que os apóstolos conseguiam falar idiomas estrangeiros porque recebiam línguas de fogo, mas o "novo reino da América" só poderia ser anunciado por aqueles que tinham "o fogo na língua".

1794
A FILOSOFIA POLÍTICA DO TERROR

MAXIMILIEN ROBESPIERRE
(1758-1794)

Robespierre era considerado o melhor orador da Revolução Francesa. Formado em Direito, desde a juventude lutou pela extinção da pena de morte. Sua carreira, porém, deu uma guinada para a política e, nos meses anteriores à Revolução Francesa, ele se tornou o líder do radical Clube Jacobino, que exigia o exílio ou a execução do rei e da rainha.

A ralé de Paris invadiu o Palácio das Tulherias em 1792 e os jacobinos tomaram o poder. Como líder do Comitê de Salvação Pública, Robespierre se tornou o homem mais poderoso da França. Diante da ameaça de contrarrevolução após a execução de Luís XVI, ele arquitetou a eliminação cruel de toda a oposição. Talvez a influência corruptora do poder tenha mudado sua opinião sobre o valor divino da vida. Em julho de 1794, 2.400 pessoas haviam sido executadas na guilhotina e um número incontável de outras pereceram nas ruas no Reinado do Terror instituído por Robespierre.

Em fevereiro de 1794, Robespierre apresentou-se na Convenção Nacional defendendo seus métodos brutais para impor a justiça. O discurso, embora longo (espectadores disseram que ele ficou em pé durante três horas), foi eloquente, vigoroso e agressivo; o fim justifica totalmente os meios.

—— O DISCURSO ——

[...]

Mas, para fundar e consolidar a democracia, para alcançar o patamar tranquilo das leis constitucionais, nós devemos acabar com a guerra da liberdade contra a tirania e superar em segurança as tormentas da revolução: é essa a meta do sistema revolucionário que vocês decretaram. Sua conduta, portanto, também deve se pautar pelas circunstâncias tempestuosas na qual a república se encontra; e o plano de sua administração deve resultar do espírito do governo revolucionário, aliado aos princípios gerais da democracia.

Agora, qual é o princípio fundamental do governo democrático ou popular – ou seja, a base no qual ele se assenta? É virtude; estou falando da virtude pública que operou tantos prodígios na Grécia e em Roma e que deve produzir outros bem mais surpreendentes na França republicana; dessa virtude que nada mais é do que o amor pelo país e por suas leis.

Mas como a essência da República ou da democracia é a igualdade, acontece que o amor pelo país necessariamente inclui o amor pela igualdade.

[...]

Se a base do governo popular em tempos de paz é virtude, as bases do governo popular na revolução são simultaneamente a virtude e o terror: virtude, sem a qual o terror é fatal; terror, sem o qual a virtude é impotente. O terror nada mais é do que a justiça expedita, severa, inflexível; é, portanto, uma emanação da virtude; é menos um princípio especial do que uma consequência do princípio geral da democracia aplicado às necessidades mais urgentes do nosso país.

Dizem que o terror é o princípio do governo despótico. Seu governo, portanto, lembra o despotismo? Sim, da mesma maneira que a espada que reluz nas mãos dos heróis da liberdade lembra aquela com a qual os capangas da tirania estão armados. Deixem o déspota governar pelo terror seus súditos brutalizados; como déspota, ele tem razão. Subjuguem pelo terror os inimigos da liberdade e vocês terão razão, como fundadores da República. O governo da revolução é o despotismo da liberdade contra a tirania. A força existe só para proteger o crime? E o raio não se destina a atingir a cabeça do orgulhoso?

[...]

—— AS CONSEQUÊNCIAS ——

Na verdade, esse discurso para a Convenção serviu de advertência de que o pior estava por vir. O Grande Terror atingiu seu apogeu nos meses seguintes. Os inimigos políticos de Robespierre armaram uma conspiração contra ele. Com a aprovação de um mandado para sua detenção, Robespierre fugiu e a Convenção Nacional, da qual ele fora eleito presidente, declarou-o criminoso. Em 28 de julho de 1794, ele e outras dezenove pessoas foram enviados para a guilhotina. Por ironia, essa foi a única execução que ele presenciou. No dia seguinte, 80 de seus seguidores foram mortos da mesma maneira.

No afã de impor seu conceito de virtude, o fanatismo de Robespierre se tornou uma ameaça para seus próprios ideais. Sua morte marcou o início da derrota da revolução. O poder mudou dos radicais para os conservadores, os Clubes Jacobinos foram fechados e a liberdade de culto foi restaurada em fevereiro de 1795.

1814
O Adeus à
Velha Guarda

NAPOLEÃO BONAPARTE
(1769-1821)

Napoleão Bonaparte nasceu em uma família de origem modesta. Na escola militar o chamavam "o cabinho" devido à sua baixa estatura. E, embora tenha governado a França, ele era da Córsega e jamais perdeu seu forte sotaque italiano.

Nada, porém, é melhor do que uma revolução para criar histórias improváveis de sucesso. Nos anos de caos após a queda da monarquia francesa em 1789, Napoleão ascendeu rapidamente na hierarquia do exército revolucionário; em 1799, um golpe sem derramamento de sangue fez dele primeiro cônsul e, em 1804, imperador da França.

O país estava cercado por potências hostis, mas Napoleão era um general notável e esmagou os problemáticos Estados da Áustria e da Prússia e criou um império que se estendia de Portugal até o mar Báltico. Sua "Grande Armée" tinha um contingente de meio milhão de homens.

Seu poder não durou muito. Em 1812, ele levou 400 mil homens para o leste rumo a Moscou. Seis meses depois, devastados pelo inverno russo, os enregelados sobreviventes da Grande Armée voltaram claudicando dolorosamente.

Em 1814, Napoleão foi fragorosamente derrotado. Os únicos soldados que continuaram a seu lado eram os homens da Velha Guarda Imperial, uma elite de tropas veteranas extremamente leais a seu imperador. Abandonado por seus generais e cercado por exércitos inimigos, Napoleão reuniu os homens e fez o discurso abaixo.

—— O DISCURSO ——

Soldados da minha Velha Guarda, eu me despeço de vocês.

Por vinte anos eu os acompanhei constantemente no caminho para a honra e a glória. Nesses últimos tempos, assim como em nossos dias de prosperidade, vocês foram invariavelmente modelos de bravura e fidelidade.

Com homens como vocês nossa causa não poderia ser perdida, mas a guerra teria sido interminável. Teria sido uma guerra civil, o que causaria infortúnios mais profundos à França.

Eu sacrifiquei todos os meus interesses por aqueles do país.

Eu vou, mas vocês, meus amigos, continuarão servindo à França. A felicidade do país era meu único pensamento e continuará sendo o objeto dos meus desejos.

Não lamentem minha sorte; se eu consenti em sobreviver, foi para servir sua glória. E pretendo escrever a história dos grandes feitos que realizamos juntos.

Adeus, meus amigos.

Quisera eu poder cerrar todos vocês em meu coração.

—— AS CONSEQUÊNCIAS ——

Com apenas 8 mil soldados restantes contra o conjunto de exércitos da Europa, Napoleão estava em uma posição claramente desfavorável. Mas os membros da Guarda aparentemente acreditaram em sua história. Alguns até choraram quando Napoleão abraçou seu líder, o general Petit, e lhe entregou seu estandarte com a águia.

Após essa despedida final, Napoleão abdicou e foi confinado em Elba, no Mediterrâneo, para ser o "imperador" da ilha povoada por camponeses e pastores de cabras.

No entanto, logo ficou evidente que Napoleão tinha outras pretensões além de ficar acomodado escrevendo livros de história. Menos de um ano depois, ele fugiu de volta para a França, organizou outro exército e marchou para uma guerra no norte.

O duque de Wellington, o melhor general da Inglaterra, foi enviado a seu encontro. Em 18 de junho de 1815, os Exércitos se enfrentaram na Batalha de Waterloo. Ao longo do dia, Napoleão arremeteu suas tropas em vão contra a linha britânica. Por fim, em desespero, mandou a Guarda avançar.

Nesse dia, porém, pela primeira e última vez, seus homens falharam. Dizimados por rajadas de balas, enfrentando baionetas britânicas e apanhados no flanco por uma infantaria leve brilhantemente estruturada, a Guarda cedeu e recuou – e assim que a notícia da retirada da Guarda se espalhou, todo o exército francês se dispersou em fuga. Napoleão foi então exilado em Santa Helena, nos confins do Atlântico, onde morreu em 1821.

Outros Episódios Notáveis

O lema da República da França, *Liberdade, Igualdade, Fraternidade*, teve origem na atmosfera conturbada do século XVIII, quando os tiranos-filósofos da Revolução Francesa estavam elaborando os princípios de um novo tipo de Estado e criando uma série de slogans. A palavra *Unidade* quase entrou para o grande triunvirato, assim como *Razão* e *Segurança*.

Porém, no decorrer da década de 1790, foram escolhidas as três palavras definitivas. Poucos sabem que o lema, em seus primórdios, tinha uma quarta parte mais sanguinária. Em antigos cartazes revolucionários vê-se a inscrição: *Liberté, Égalité, Fraternité, ou la Mort* – Liberdade, Igualdade, Fraternidade ou a Morte!

1824
UMA ORAÇÃO POPULAR

FREI CANECA
(c. 1779-1825)

Filho de um casal de portugueses, nascido em 1779 no Recife, Joaquim da Silva Rabelo foi desde pequeno conhecido pelo sugestivo apelido de *Caneca*, dada a profissão do seu pai, um artesão fabricante de barris e tonéis. Manifestando precocemente grande inteligência e talento literário, entrou para o Convento de Nossa Senhora do Carmo aos dezessete anos. Aos 22 obteve licença especial do Núncio Apostólico de Lisboa para ser ordenado padre, apesar da pouca idade, adotando então o nome pelo qual se tornaria célebre: Joaquim do Amor Divino *Caneca* ou popularmente, *Frei Caneca*.

A condição sacerdotal lhe deu acesso às melhores bibliotecas de Olinda e do Recife, pertencentes ao clero, onde se entregou avidamente aos estudos, adquirindo enorme erudição. Tornou-se professor de Retórica, Geometria e Filosofia. Passou a frequentar a Academia do Paraíso, onde, ao lado de membros da elite intelectual pernambucana, se tornou um dos mais ardentes defensores das ideias iluministas que alimentaram tanto a Independência dos Estados Unidos quanto a Revolução Francesa. Esses ideais, livros e autores começavam a entrar clandestinamente no Brasil, tornando-se o fermento de anseios emancipacionistas, constitucionalistas e republicanos.

A fuga da Corte Imperial portuguesa de Lisboa quando da invasão napoleônica e sua instalação no Rio de Janeiro, em 1808, desestabilizou a ordem política colonial. As províncias do Nordeste, produtoras das maiores riquezas, representadas pelo açúcar e o algodão, se viram sobrecarregadas de novos impostos. Agora era o Rio de Janeiro quem as colonizava e oprimia. Essa insatisfação desencadearia uma sequência de revoltas de teor antilusitano e regionalista.

Seu primeiro momento foi a Revolução de 1817, que buscou proclamar uma república independente, envolvendo todas as províncias do Nordeste. Foi o início da participação política de Frei Caneca. Com a derrota militar e a repressão, foi enviado à prisão por quatro anos. Quando porém Dom Pedro I proclamou a Independência do Brasil, em 1822, tudo levava a crer que a ansiada emancipação havia chegado, o país teria enfim uma Constituição e um Congresso soberano, implantando os princípios liberais do Iluminismo. Mas já no ano seguinte o imperador dissolveu a Assembleia Constituinte, submetendo o país a um regime despótico. Frei Caneca se torna então a voz mais explosiva da oposição. Criou um jornal, o *Tífis Pernambucano*, no qual pregava em tom exaltado a sedição das províncias do Nordeste. Em 1824, quando líderes locais proclamaram a Confederação do Equador, ele se tornou um dos expoentes do movimento, conclamando a população e organizando batalhões patrióticos. Foi nessa conjuntura que escreveu o que ficou conhecido como o "Manifesto de Frei Caneca".

── TRECHOS ──

Oração em reunião popular no Recife para deliberar sobre o juramento do projeto de constituição outorgada por Sua Majestade Dom Pedro I, 1824

[...] Sua Majestade (Dom Pedro I) está tão persuadido que a única atribuição que tem sobre os povos é esta do poder da força, a que chamam outros a última razão dos estados, que nos manda jurar o projeto (da Constituição a ser outorgada) com um bloqueio (naval) à vista, fazendo-nos todas as hostilidades. Por cujo motivo, não se deve adotar nem jurar semelhante esboço de constituição, pois o juramento para ligar as consciências e produzir o seu efeito é indispensavelmente necessário ser dado em plena liberdade, e sem a menor coação. E ninguém jamais obrou livremente obrigado da fome e com bocas de canhão aos peitos.

[...] Como agora podeis jurar uma carta constitucional que não foi dada pela soberania da nação, que vos degrada da sociedade de um povo livre e brioso para um valongo de escravos e curral de bestas de carga? Um projeto que destrói a vossa categoria no meio das nações livres do orbe? Seria injusta a matéria do primeiro juramento (de fidelidade à Assembleia Constituinte eleita, que Dom Pedro dissolveu) para não vos ligar? Ou estareis agora loucos rematados? Ou haverá poder que, dispensando-vos do primeiro juramento, possa de vós exigir o segundo? Onde está vossa moral, vossos costumes, vossa religião? Se tal desgraça sucedesse, como olhariam para nós os outros povos nossos contemporâneos e externos? Quem quererá contratar com um povo tão imoral e tão sem respeito aos laços mais sagrados da sociedade e tão sem acatamento para a religião de que faz glória?

Tenho ouvido a algumas pessoas que se pode jurar o projeto, à exceção feita daqueles artigos que ofendam nossos interesses. Isso ou é uma velhacaria, para por esse jeito manhoso nos lançarem os ferros do cativeiro, ou uma ignorância pueril, que merece compaixão. Porque havendo-se demonstrado que esse artefato político é um sistema de opressão; que os principais anéis desta cadeia são inteiramente destruidores da nossa independência, da integridade do Brasil, liberdade política e civil, tem-se feito ver que o sistema é mau, opressor, ruinoso e, portanto, inadmissível [...]. Depois disto, espera-se que o imperador, que teve a valentia de dissolver a assembleia constituinte com o maior escândalo da razão, da justiça e da constitucionalidade jurada; que se arrogou a monstruosa atribuição de dar constituição a quem não devia dar, se abaixe a reformar o seu projeto por representação daqueles que ele julga com o dever de lhe obedecer cegamente.

[...] É por todas essas razões que eu sou de voto que se não adote e muito menos jure o projeto de que se trata, por ser inteiramente mau, pois não garante a independência do Brasil, ameaça a sua integridade, oprime a liberdade dos povos, ataca a soberania da nação e nos arrasta ao maior dos crimes contra a divindade, qual o perjúrio, e nos é apresentado da maneira mais coativa e tirânica.

—— AS CONSEQUÊNCIAS ——

A Confederação do Equador significou a resposta mais radical ao modo como o imperador e seus aliados traíram os princípios liberais alentados ao longo do processo de independência do Brasil. Os confederados declararam uma república constitucional envolvendo todas as províncias do Nordeste. Frei Caneca era enfático na sua rejeição à nova fonte da opressão política: "Do Rio nada, nada; não queremos nada". O imperador responderia com a mesma intransigência, enviando suas melhores tropas, terrestres e marítimas, para sufocar a revolta, ordenando que "não se admitisse convenção ou capitulação alguma, pois a rebeldes não se devia dar quartel".

A repressão foi brutal. Vencidas e expulsas da capital, algumas tropas rebeldes, sob o comando de Frei Caneca, se refugiaram nos sertões interiores, onde seriam cercadas e derrotadas. Preso, ele foi o primeiro a ser julgado e condenado à forca. Contudo, nenhum dos carrascos aceitou executar o Frei. Nem mesmo escravos, ainda que espancados e com a promessa de receberem a liberdade, se dispuseram a enforcar o líder. Ele foi finalmente amarrado ao pé do cadafalso e fuzilado. Os carmelitas recolheram seu corpo e o enterraram em lugar desconhecido. Mais de uma dezena de líderes foi executada. Mas Frei Caneca permaneceu na memória coletiva como o mártir mais simbólico da luta pela liberdade no Brasil independente. Tiradentes morrera como conspirador, mas o Frei levou suas palavras às últimas consequências.

Se o Padre Vieira representava um tempo em que as mensagens transformadoras vinham da tradição teológica, dos púlpitos e das igrejas, Frei Caneca inaugurava um mundo moderno, fundado no poder do jornalismo e da imprensa, através da qual um novo grupo de intelectuais, educados nas ideias liberais e iluministas, formavam uma opinião pública que se tornaria, daí por diante, a principal caixa de ressonância das instituições e das práticas políticas.

1851
Eu Não Sou Uma Mulher?

SOJOURNER TRUTH
(c. 1799-1883)

Sojourner Truth foi uma escrava nascida no estado de Nova York na virada para o século XIX. Conhecida simplesmente como Isabella, trabalhou para muitos donos antes de ser libertada em 1827.

Com sua liberdade recém-conquistada, Isabella descobriu Deus, mudou de nome e se tornou membro de sucessivas igrejas metodistas e movimentos religiosos não convencionais, um dos quais afirmava que o mundo acabaria em 1843.

Porém, com a chegada de 1844 e a não materialização do apocalipse, Sojourner Truth passou a se interessar por problemas mais mundanos, sobretudo pela emancipação e pelos direitos das mulheres. Após algumas apresentações em cidades pequenas, ela participou de uma convenção de feministas em Akron, Ohio. Com seu discurso, entrou para o grande palco da história.

A plateia havia sido intimidada por vários pregadores masculinos usando citações precisas da Bíblia para colocar mulheres rebeldes em seu devido lugar. Então, em meio a manifestações entrecortadas de racismo, a figura alta e negra de Sojourner Truth aproximou-se lentamente da tribuna dos oradores.

Os registros do que ela disse são inconsistentes, mas o relato mais conhecido foi escrito doze anos mais tarde pela feminista Frances Gage, que havia presidido a convenção. Graças a esse relato, Sojourner Truth se tornou lendária.

—— O DISCURSO ——

O tumulto se acalmou de vez e todos os olhos se fixaram nessa figura semelhante à de uma amazona... Assim que ela disse a primeira palavra, houve um silêncio profundo. Ela falava com tons graves que, embora não fossem altos, alcançavam todos os ouvidos no recinto [...]

"Bem, pessoal, onde há muita algazarra deve haver um pouco de ordem. Acho que entre os negros do Sul e as mulheres do Norte, todos falando sobre direitos, os homens brancos logo estarão em dificuldades. Mas sobre o que todos estão falando aqui?

"Aquele homem ali diz que as mulheres precisam ser ajudadas para entrar em coches, erguidas sobre valas e têm o melhor lugar onde quer que vão. Ninguém jamais me ajuda a subir em coches ou me ergue sobre poças de lama ou me cede o melhor lugar!

[...]

"E eu não sou uma mulher? Olhem para mim! Olhem meu braço!... Eu arei e plantei, e colhi e armazenei em celeiros, e nenhum homem pôde mandar em mim! E eu não sou uma mulher? Eu podia trabalhar e comer tanto quanto um homem – quando eu tinha chance – e também usar o chicote! E eu não sou uma mulher? Eu tive treze filhos e vi todos serem vendidos para a escravidão, e quando bradei alto minha dor de mãe, ninguém me ouviu, a não ser Jesus! E eu não sou uma mulher?

[...]

"Então, aquele homenzinho de preto ali [*indicando um padre*] diz que as mulheres não podem ter tantos direitos quanto os homens porque Cristo não era mulher! De onde vem seu Cristo?"

Um trovão retumbante não poderia ter calado tanto aquela multidão quanto aqueles tons profundos e maravilhosos, enquanto ela estava ali em pé, com os braços estendidos e os olhos flamejantes. Elevando ainda mais a voz, ela repetiu: "De onde vem seu Cristo? De Deus e de uma mulher! O homem nada teve a ver com Ele".

—— AS CONSEQUÊNCIAS ——

Segundo Gage, Truth deixou a plateia de "olhos fixos e corações batendo de gratidão". O relato de Gage sobre o discurso, porém, é pouco fidedigno. Ela atribui a Truth um dialeto sulista, embora a oradora fosse do Norte. Inventa que Truth tinha treze filhos, mas esta tinha apenas cinco. E quando admira a "tremenda força muscular" de Truth, parece estar elogiando um belo cavalo, não uma mulher sagaz e independente.

Harriet Beecher Stowe, a célebre autora do romance abolicionista *A cabana do Pai Tomás*, era outra admiradora de Truth. As duas se encontraram apenas uma vez, mas a escritora branca a descreveu como "poderosa e escura como as profundezas gigantescas das florestas tropicais" e elogiou seu "assombroso vigor físico".

Sojourner Truth se tornou um mito, o que fez seu verdadeiro caráter ficar soterrado sob os estereótipos criados por seus admiradores. Todavia, embora o mito fosse falso e até aviltante, seu impacto foi extremamente importante. Em 1863, Abraham Lincoln assinou a Proclamação da Emancipação pondo fim à escravidão nos Estados Unidos.

1863
O Pronunciamento em Gettysburg

PRESIDENTE ABRAHAM LINCOLN
(1809-1865)

Abraham Lincoln, o décimo sexto presidente dos Estados Unidos, era de origem humilde. Filho de lavradores, cresceu em uma tosca choupana em Pigeon Creek, Indiana, e trabalhou como atendente de loja e agente do correio, até descobrir sua vocação para a política.

Lincoln chegou ao Congresso em 1847 e percebeu que a instituição estava altamente dividida. A questão crucial era a escravidão, à qual Lincoln naturalmente se opunha. A manutenção de escravos, escreveu ele, "priva nosso exemplo republicano de sua justa influência no mundo – permite que os inimigos de instituições livres nos chamem, com plausibilidade, de hipócritas [...] Nosso manto republicano está manchado e arrastado no pó".

Em 1860, Lincoln foi eleito presidente, o que perturbou ainda mais os políticos do Sul escravagista. Nesse ano, os estados sulistas se separaram formalmente da União e, em 1861, essa nova confederação pegou em armas contra seus vizinhos do Norte.

A Guerra Civil se espalhou com diferentes intensidades pelo continente, com exércitos enormes se enfrentando com as novas e terríveis armas da era industrial. Um dos confrontos mais sangrentos foi em Gettysburg, em julho de 1863, onde um exército nortista deteve um avanço sulista, porém ao custo de um grande número de vidas.

Assim, foi em meio a um clima de dúvida e desânimo que Abraham Lincoln foi ao campo de batalha para fazer um breve discurso em homenagem aos mortos no conflito.

—— O DISCURSO ——

Oitenta e sete anos atrás nossos pais construíram neste continente uma nova nação, concebida com liberdade e imbuída da proposição de que todos os homens são iguais.

Agora engajados em uma grande Guerra Civil, estamos testando se esta nação ou qualquer nação assim concebida e dedicada pode resistir muito tempo. Estamos em lados opostos em um grande campo de batalha dessa guerra. E dedicamos uma parte desse campo ao lugar do descanso final daqueles que aqui deram sua vida para que a nação sobreviva. É justo e adequado que façamos isto.

Mas, em um sentido mais amplo, nós não podemos dedicar, consagrar ou santificar este chão. Os homens corajosos, vivos e mortos, que lutaram aqui o consagraram bem acima de nosso mísero poder para acrescentar ou diminuir. O mundo dará pouca importância e não lembrará por muito tempo o que dizemos aqui, mas nunca pode esquecer o que eles fizeram aqui.

Cabe a nós, os vivos, dedicarmo-nos à obra inacabada que aqueles que aqui lutaram até então adiantaram de forma tão nobre. Cabe a nós ficarmos aqui nos devotando à grande tarefa que nos resta – que por conta desses mortos honrados nós criemos uma devoção maior àquela causa pela qual eles deram até sua última gota de devoção – que nós aqui tenhamos a firme resolução de fazer que esses mortos não tenham perdido a vida em vão, que esta nação guiada por Deus tenha um renascimento da liberdade, e que o governo do povo, pelo povo e para o povo não pereça por causa da terra.

—— AS CONSEQUÊNCIAS ——

Segundo a lenda popular, Lincoln escreveu esse discurso a bordo do trem que partiu de Washington, DC. Ele nem sequer era o orador principal. A população de Gettysburg já havia escalado o célebre orador Edward Everett para fazer o pronunciamento principal um panegírico de duas horas que, segundo todos os relatos, foi um grande sucesso.

Ao que consta, Lincoln achou que seu discurso foi um fracasso, e não foi o único a ter essa opinião. Um repórter do *The*

Times observou: "A cerimônia foi ridícula devido a alguns chistes infelizes do pobre presidente Lincoln".

Lincoln e o repórter, porém, estavam equivocados. Obra-prima de retórica, o Pronunciamento em Gettysburg continua sendo um dos discursos mais citados da história e muitas vezes considerado, com a Constituição, um documento definidor dos Estados Unidos.

Lincoln realmente merece ser tão lembrado. Ele estava determinado a obter a vitória na guerra, o que por fim aconteceu, assegurando que o governo "do povo, pelo povo e para o povo" passasse no rigoroso teste moral representado pela escravidão e pela Guerra Civil. Sem Lincoln, os Estados Unidos hoje seriam um lugar bem diferente e menos importante.

Lamentavelmente, Lincoln não pôde usufruir sua vitória por muito tempo. Em 15 de abril de 1865, foi alvejado por um simpatizante dos confederados e morreu logo depois.

Outros Episódios Notáveis

Nenhuma frase na história teve tanto impacto sobre o mundo moderno quanto aquela confirmada pelo Congresso Continental dos Estados Americanos em 4 de julho de 1776, quando foi declarada sua independência da Grã-Bretanha.

Thomas Jefferson foi o principal responsável pelo burilamento das palavras que criariam os Estados Unidos da América. Elas foram lidas em cidades e vilarejos por toda a nova nação e ainda hoje seus ecos perduram, definindo a natureza do que é atualmente o país mais poderoso da Terra.

A sentença extremamente famosa, que é uma das mais conhecidas da língua inglesa, vem no início – uma afirmação de valores verdadeiramente revolucionária:

> Consideramos estas verdades evidentes, que todos os homens são criados iguais e dotados pelo Criador de certos direitos inalienáveis, entre os quais estão a vida, a liberdade e a busca pela felicidade.

1877
Eu Nunca Mais Vou Lutar

CHEFE JOSEPH
(C. 1840-1904)

Na década de 1870, as guerras indígenas nos Estados Unidos estavam chegando ao fim. No Sul, grupos armados de apaches organizavam uma resistência meticulosa; nas Grandes Planícies, os sioux estavam se defendendo bem; mas, de modo geral, a batalha pelo Oeste marcado pelos pioneiros tinha acabado.

No vale Wallowa, Oregon, a tribo Nez Perce sofrera anos de abuso por parte de colonos brancos que usurpavam suas terras. Seu líder, o chefe Joseph, sabendo do vigor do exército dos Estados Unidos, argumentava desesperadamente em favor da paz. Mas em 1877 um grupo de guerreiros indígenas perdeu a paciência e matou alguns colonos brancos perto do rio Salmon.

A represália dos Estados Unidos não tardou, mas os Nez Perce, com bravura surpreendente, derrotaram o primeiro destacamento militar enviado contra eles. Tendo de diminuir a marcha devido às mulheres, crianças e feridos, Joseph e sua tribo começaram a bater em retirada para os confins do noroeste do Pacífico.

Por fim, após percorrer mais de 1.800 quilômetros em uma região inóspita, eles foram interceptados por uma tropa da cavalaria americana na montanha Bear Paw em Montana, a apenas 64 quilômetros da fronteira canadense, onde estariam em segurança.

Embora estivessem com frio e enfraquecidos, os guerreiros de Joseph eram mais numerosos do que a tropa americana. Então, em vez de lutar, o grande chefe fez algo que talvez tenha sido mais corajoso. Encontrando-se com os oficiais americanos, ele fez o seguinte discurso.

—— O DISCURSO ——

Digam ao general Howard [*o comandante americano*] que eu conheço seu coração. O que ele me disse antes está guardado em meu coração. Estou cansado de lutar. Nossos chefes estão mortos; Looking Glass está morto, Too-hul-hul-sote está morto. Todos os homens velhos estão mortos. São os homens jovens que dizem sim ou não. Aquele que comandava os jovens está morto.

Faz frio e nós não temos mantas; as crianças pequenas estão gelando até a morte. Parte do meu povo fugiu para as colinas e não tem mantas nem comida. Ninguém sabe onde eles estão – talvez congelando até a morte. Eu quero ter tempo para procurar meus filhos e ver quantos deles consigo achar. Talvez eu venha a achá-los entre os mortos.

Ouçam-me, meus chefes, eu estou cansado. Meu coração está doente e triste. Do ponto onde o sol se encontra agora, eu nunca mais vou lutar.

—— AS CONSEQUÊNCIAS ——

O chefe indígena Joseph jamais voltou à sua terra de origem. Durante anos, os Nez Perce perambularam pelos Estados Unidos, de uma reserva para outra, enquanto doenças e desespero corroíam seu antigo modo de vida. Joseph batalhou incansavelmente pela permissão para que sua tribo voltasse ao vale Wallowa, mas, apesar de conquistar solidariedade maciça, seu pedido nunca foi atendido. Em 1904 ele morreu, segundo seu médico, de "desgosto".

O grande discurso de rendição de Joseph, porém, ganhou vida própria, sendo provavelmente o discurso feito por um índio americano mais citado de todos os tempos. Triste, curto e simples, trata-se de um testamento extraordinariamente poético sobre o sofrimento de um povo. Suas palavras finais, "eu nunca mais vou lutar", calaram fundo na consciência nacional e Joseph se tornou um símbolo poderoso da tragédia indígena americana.

Até mesmo seu nome, Joseph, atesta o vandalismo cultural que vitimou seu povo. Seu título indígena, que foi substituído por duas sílabas estrangeiras, era Hin-mut-too-uah-lat-kekht – Trovão Retumbando nas Montanhas.

Outros Episódios Notáveis

O capitão Lawrence "Titus" Oates integrou a malfadada expedição de Robert Scott ao Polo Sul. Eles chegaram à ponta meridional da Terra em 17 de janeiro de 1912, mas descobriram com espanto que um grupo rival, liderado pelo norueguês Roald Amundsen, havia chegado lá antes.

Decepcionados, os cinco exploradores retrocederam em busca de segurança, mas Oates, enregelado e mancando, estava retardando-os. Na noite de 16 de março, ele decidiu se sacrificar pelo bem do grupo. Ao sair da barraca, com os pés descalços e já gangrenados, durante uma terrível nevasca, ele anunciou com a típica fleuma britânica: "Só vou dar uma saída e isso pode levar algum tempo". Seu sacrifício foi em vão, pois Scott e todos os seus companheiros morreram a poucos quilômetros de um local seguro.

1889
Carta Política ao País e ao Partido Republicano

SILVA JARDIM

(1860-1891)

Silva Jardim foi o mais popular orador e homem público do fim do século XIX, tendo tido participação decisiva tanto na abolição da escravidão quanto na proclamação da República. Ele foi, porém, alvo de um processo político deliberado de obscurecimento de suas ideias, de sua atuação e de seu papel histórico exponencial.

Seu pai, Gabriel Jardim, era um humilde professor primário no município de Capivari (atual Silva Jardim), na área rural do Rio de Janeiro. Ele tinha um pequeno sítio e foi ali, em 16 de agosto de 1860, que nasceu seu filho, Antônio da Silva Jardim. A área pantanosa teve desde cedo efeito deletério sobre a saúde da criança, que quase morreu de malária. Arrastaria as sequelas por toda a vida, com uma saúde frágil e constituição franzina. Revelou, porém, admirável capacidade de concentração e estudo, tendo aprendido a ler aos cinco anos e mantendo uma rotina diária de longas horas de leitura. Em 1873, aos treze anos, mudou-se para Niterói, de onde podia se deslocar, por barca, para estudar no Rio de Janeiro. A exposição, entretanto, às precárias condições sanitárias da área portuária o levaria a contrair varíola, agravando ainda mais a sua saúde frágil. No ano seguinte mudou a residência para uma república de estudantes no Rio de Janeiro, matriculando-se no Mosteiro de São Bento.

Ali ele criou, com os colegas, o jornal *Labarum Litterario*, inaugurando sua carreira de homem público aos quinze anos, com um artigo inflamado exaltando Tiradentes e seus ideais republicanos. Ao concluir sua formação básica, mudou-se para São Paulo, inscrevendo-se na Faculdade de Direito do Largo São Francisco. Adere aos clubes republicanos que proliferavam na Academia, tornando-se um agitador entusiasmado, escrevendo artigos, panfletos e livros denunciando a escravidão e expondo a natureza antidemocrática do regime monárquico. Mais do que apenas escrever e divulgar suas ideias, Silva Jardim passa a organizar com colegas da Academia grupos clandestinos que invadiam as fazendas de café do interior paulista, estimulando, facilitando e coordenando fugas em massa de escravos pelas linhas de trem, em direção a São Paulo e Santos. Assim que se forma, passa a exercer sua profissão, advogando sobretudo em favor dos escravos, a quem chamava proletários negros.

Em 1885 muda-se para Santos, onde se põe a multiplicar clubes republicanos, enquanto mantém um escritório de advocacia e abre uma escola para crianças. Sempre considerou a profissão de professor como sua verdadeira vocação. Santos, o principal porto de exportação de café, era uma cidade em pleno crescimento e um foco de agitação abolicionista e republicana. Dado seu prestígio,

Silva Jardim é convidado a pronunciar uma conferência pública no Teatro Guarani. A repercussão é imensa, o texto é reproduzido em jornais por todo o país e ele se torna requisitado para proferir discursos pelo território afora. Seus ideais exaltados e democráticos, invocando grande participação popular para mudar as estruturas da economia, da sociedade e da política, o tornam o mais admirado e adorado orador da oposição. Diante do crescimento da onda de protesto, as autoridades monárquicas criam uma milícia, a infame Guarda Negra, para hostilizar as reuniões contra o regime. Munidos de porretes, paus, pedras, facões e revólveres, esse grupo atacava com ferocidade os republicanos. Seu principal grito de guerra era: "Matem o Silva Jardim!".

—— TRECHOS ——

"Carta Política ao País e ao Partido Republicano", 6 de janeiro de 1889, publicada no jornal Gazeta de Notícias, *após violento ataque da Guarda Negra a comício público de Silva Jardim no Rio de Janeiro.*

"[...] Quando cheguei à tribuna e olhei a multidão, senti esse inexplicável acanhamento que sente o homem diante da superioridade do povo que representa a pátria. É essa invasão insensível da alma popular na alma do orador que estabelece a simpatia entre esse e os ouvintes. Fui recebido por uma chuva de aplausos, sem nenhum protesto, e enquanto cada um se preparava para ouvir e o silêncio se fazia, senti-me suavemente aquecer ao calor da animação popular, sem perder a serenidade necessária para a sondagem contínua da impressão que as palavras produziam e para não cair em divagações ou perder-me, esquecendo a filiação dos assuntos.

"Eis-me agora só, diante de todo o público, tímido a princípio, e aos poucos animando minha voz à proporção que sentia o olhar geral de aprovação.

"Pouco a pouco, o público se anima, anima-se o orador e daí por diante segue-se o discurso. [...]

"Aplausos prolongados tinham coberto a moção. A causa estava ganha [...]."

Comentário de Silva Jardim sobre seu discurso de estreia, "A Pátria Está em Perigo", proferido no Teatro Guarani, em Santos, em 28 de janeiro de 1888.

"[...] como já tenho adquirido o direito, por uma longa prática pessoal, e de outros, de falar na rua, e como a praça é justamente o melhor lugar para a segurança dos ouvintes, julgando ilegal a ordem que me impedir uma tal manifestação, e certo de que não se deve obedecer a ordens ilegais e inconstitucionais, ORAREI NA PRAÇA PÚBLICA, qualquer que seja o número dos que me acompanharem num tal ato de civismo, disposto a preferir morrer a ceder do meu direito, que é o meu dever, e declarando de antemão a toda autoridade, governo ou déspota, que m'o quisesse impedir, que teria positivamente de me mandar matar a me ver recuar – que estou resolvido a disputar com a vida o direito de pregar a República no meu país, e que eu realizaria a divisa dos lutadores: VENCER OU MORRER!

"[...] A revolução brasileira está destinada à cidade do Rio de Janeiro. Paris da América, Londres da América do Sul, à cidade composta de tantos elementos que a República tornará cada vez mais unidos em torno da pátria, cabe a grande operação da reconstrução nacional. Para o que basta, no seu fundo de tranquilidade aparente, revolver a soma dos elementos de enérgica indignação revolucionária. Que os leões do centro, São Paulo e Minas respondam aos rugidos ferozes do leão do extremo sul, o Rio Grande, e do norte, Pernambuco. E ao sibilar das suas jubas, a correrem a atmosfera pátria num belo, terrível de medonho, tufão da véspera da manhã sagrada, a República surgirá grandiosa no horizonte da nação brasileira, à luz augusta da União Americana!

"E a Revolução Brasileira deve estalar pujante e vitoriosa em torno dos paços ministeriais e do palácio de São Cristóvão no ano de 1889. Não além! Se muito além, quem sabe se não seremos perdidos?! O castelo fluminense deve cair no ano excepcional em que caiu no pó dos tempos a fortaleza de Paris!

"Não além! Para nós, como para toda a humanidade, este ano solene é de bom agouro para a liberdade. Não sei que espírito tal de ligação exista entro o grande povo central e o nosso povo extraordinário, a minha pátria amada, que estou certo será a presidente da América e, em breve, o refúgio dos sedentos da justiça. Não o berço, a residência augusta da liberdade no mundo! [...]"

—— AS CONSEQUÊNCIAS ——

Silva Jardim é às vezes chamado "o profeta da república" porque previu corretamente onde e quando ela seria proclamada. Porém, não previu como o movimento se tornaria vitorioso, o que acabou custando muito caro, tanto a ele quanto à própria República.

Silva Jardim aspirava e pregava por uma República que fosse autenticamente democrática e, portanto, nascida da revolta e da vontade popular. Que fosse portanto um movimento emancipador, propiciando à população do país como um todo o acesso aos direitos da cidadania, às oportunidades econômicas e de promoção social. Por isso mesmo, logo ele despertou a suspeita dos líderes republicanos conservadores, que dominavam a máquina política do partido e pretendiam ter total controle sobre a transição à nova ordem, contendo qualquer forma significativa de participação popular. Foram eles que prevaleceram. Aproveitando os atritos crescentes entre o regime monárquico e os oficiais do Exército, os líderes republicanos conservadores apoiaram o golpe militar que depôs o imperador em 15 de novembro de 1889, dando ensejo à criação da república federativa.

Para Silva Jardim e alguns republicanos radicais, o golpe abortou a possibilidade de uma república de vocação democrática, originando um regime autoritário, centralista e socialmente excludente. Ele ainda tentou se tornar deputado constituinte, para poder influenciar o novo regime. Recebeu ampla votação tanto no Sudeste quanto no Nordeste. Mas a corrupção, já firmemente enraizada na nova ordem, anulou os votos e rejeitou seu nome. Silva Jardim se tornou *persona non grata* para os novos governantes. Exilou-se na Europa a pretexto de aprofundar seus estudos. Em viagem pela Itália, precipitou-se na boca do vulcão Vesúvio, em 1º de julho de 1881, aos trinta anos. Desde então foi relegado ao esquecimento.

    A atuação de Silva Jardim revela uma mudança significativa então em curso nos modos e meios de comunicação social. Ele soube tirar o melhor proveito das rápidas mudanças tecnológicas que se acumulavam na transição entre os séculos XIX e XX. Seus discursos eram reproduzidos pela imprensa que, naquele momento, com as redações articuladas em escala nacional graças às novas comunicações telegráficas, com e sem fio, repercutiam em todo o país praticamente em tempo real. Disso adveio o prestígio que o fez ser convidado para discursos e conferências por todos os quadrantes do território. Aproveitando-se então das novas redes ferroviárias ele visitava dezenas de cidades por semana no Sudeste e, graças às redes de navegação de cabotagem a vapor, visitou as capitais portuárias do Norte e Nordeste, fazendo-se o personagem mais onipresente, visível e audível do Brasil em seu tempo. Mais obviamente do que o imperador ou seu pretenso sucessor, o conde d'Eu. Destaque-se que ele sempre pagou suas viagens e campanhas com seu próprio dinheiro, nunca aceitando nada do partido ou do governo.

1913
LIBERDADE OU MORTE

EMMELINE PANKHURST
(1858-1928)

Alfabetizada desde a tenra infância, Emmeline Pankhurst era brilhante, aplicada e politicamente consciente. Desde cedo percebeu que sua vida seria restringida por uma injustiça arraigada. Como mulher na Inglaterra vitoriana, o destino que lhe cabia era se tornar a esposa submissa de algum homem ingrato.

Mal saída da adolescência, Pankhurst começou a batalhar pelo sufrágio feminino e, em 1903, fundou a organização que a tornaria famosa, a Women's Social and Political Union* (WSPU). A princípio, essas sufragistas tinham uma atuação pacífica, mas, em 1908, cansadas de não serem ouvidas nos redutos masculinos de Westminster, decidiram que a WSPU teria um programa mais militante.

Em fevereiro desse ano, Emmeline passou um mês na prisão por liderar uma delegação que foi à Câmara dos Comuns. Em 1909, participantes da WSPU iniciaram greves de fome e foram alimentadas à força. Em 1913, começaram a quebrar vitrines de lojas, a destruir obras de arte e a provocar incêndios. Emmeline

---

* Em português, União Social e Política das Mulheres.

inclusive ajudou a explodir uma bomba defronte à casa do ministro da Fazenda, David Lloyd-George.

Ela foi presa e condenada a três anos de detenção, mas temporariamente solta após uma série de greves de fome. Aproveitando esse breve momento de liberdade, ela viajou aos Estados Unidos, onde fez o seguinte discurso.

—— O DISCURSO ——

[...]

Estou aqui como um soldado temporariamente ausente do campo de batalha, a fim de explicar [...] como é a guerra civil quando empreendida por mulheres [...]

Estou aqui como uma pessoa que, segundo os tribunais de justiça de meu país [...], não tem a menor serventia para a comunidade; devido ao meu estilo de vida, sou considerada uma pessoa perigosa e fui condenada a trabalhos forçados em uma prisão.

[...]

Há muitos anos, seus antepassados decidiram se manifestar contra a taxação excessiva. Quando sentiram que não aguentavam mais esperar [...], quando todos os outros meios falharam, eles começaram pelo Tea Party em

Boston e foram em frente até conquistar a independência dos Estados Unidos da América.

[...]

Quando vocês têm guerra coisas acontecem; as pessoas sofrem; os não combatentes sofrem tanto quanto os combatentes. E é isso o que acontece em uma guerra civil. Quando seus antepassados jogaram o chá no porto de Boston, um grande número de mulheres teve de se resignar a ficar sem chá [...]

[...]

Agora, aos que acham que as mulheres não podem ter êxito, quero dizer que nós levamos o governo da Inglaterra a essa situação na qual só há uma alternativa: as mulheres devem ser assassinadas ou ganhar o direito ao voto. Pergunto aos homens americanos presentes nesta reunião: o que vocês diriam se em seu estado estivessem diante dessa alternativa de matá-las ou conceder-lhes cidadania? Bem, só há uma resposta a essa alternativa, só há uma saída – vocês têm de dar a essas mulheres o direito ao voto.

[...] É assim que nós, as mulheres da Inglaterra, estamos agindo. Para nós a vida humana é sagrada, mas afirmamos que, se alguma vida deve ser sacrificada, que seja a nossa; nós não faremos isso com nossas próprias mãos, mas colocaremos o inimigo na posição em que terá de optar entre nos dar liberdade ou morte.

[...]

—— AS CONSEQUÊNCIAS ——

O caso de Emmeline foi brilhantemente ajustado para conquistar o público americano com suas referências a soldados e guerra civil, e sua paráfrase da famosa declaração do revolucionário americano: "Deem-me liberdade ou então a morte!".

A genialidade de Pankhurst, porém, foi perceber que a chave era ser ouvida a qualquer custo. Embora fossem eventualmente radicais, seus métodos funcionavam, e os argumentos em prol do sufrágio feminino eram fortes demais para ser rejeitados por muito tempo. Em fevereiro de 1918, o Parlamento anunciou que todas as mulheres a partir de trinta anos teriam direito ao voto. Em 1928, um novo projeto de lei foi apresentado para dar esse direito a todas as mulheres a partir de 21 anos. Nesse ano, um mês antes da aprovação dessa medida, Emmeline Pankhurst morreu aos 69 anos.

1915
IRLANDA CATIVA

PATRICK PEARSE

(1879-1916)

No início do século XX, a Irlanda já estava sob o controle britânico intermitente há mais de quinhentos anos. Em 1800, após uma rebelião em 1798, o Ato de União integrou o país ao Reino Unido, regido pelo Parlamento britânico em Londres.

A Irlanda, porém, não aceitou isso passivamente. Revoltas em 1803, 1848 e 1867, depois da "Grande Revolta" de 1798, fracassaram, mas o nacionalismo irlandês se manteve latente na clandestinidade.

Nessa nação altamente inflamável nasceu Patrick Pearse, um professor de Dublin que a princípio via a renovação cultural como um caminho para a liberdade. Porém, no decorrer dos anos, ele passou a apoiar um tipo mais sangrento de revolução. Em 1913, ele ingressou na recém-fundada Força Voluntária Irlandesa e logo se envolveu em planos para um autêntico levante armado.

Em 1915, Pearse fez um discurso junto à sepultura de Jeremiah O'Donovan Rossa, um rebelde que acabara de morrer. Antes de seu discurso, ele perguntou aos companheiros nacionalistas até que ponto poderia manifestar livremente suas ideias mais incendiárias. "Bote para ferver", foi a resposta. "Mande a discrição pelos ares."

—— O DISCURSO ——

Nós estamos junto ao túmulo de Rossa não com tristeza, mas com a exaltação de espírito que nos foi dada para entrarmos em uma comunhão tão estreita com esse bravo e esplêndido gaélico. Causas esplêndidas e santas são servidas por homens igualmente esplêndidos e puros. O'Donovan Rossa era esplêndido em sua virilidade orgulhosa, em sua graça heroica, em sua força, clareza e verdade gaélicas. E todo esse esplendor, orgulho e força eram compatíveis com a humildade e a simplicidade da devoção pela Irlanda, por tudo o que era antigo, belo e gaélico na Irlanda [...] Os olhos claros deste homem quase isolado em seu tempo tinham uma visão da Irlanda conforme a que temos hoje: não só livre como também gaélica; não só gaélica como também livre.

Com uma comunhão espiritual com ele agora mais estreita do que antes ou talvez mais uma vez com uma comunhão espiritual com aqueles de sua época, vivos e mortos, que sofreram com ele em prisões inglesas, em comunhão de espírito também com nossos caros camaradas que hoje sofrem em prisões inglesas, e falando em seu nome assim como no nosso, nós penhoramos nosso amor à Irlanda e penhoramos nosso ódio ao domínio inglês.

[...]

Os defensores desse reino têm atuado bem clandestina e abertamente. Eles acham que pacificaram a Irlanda. Eles acham que compraram metade de nós e intimidaram a outra metade.

Eles acham que previram tudo e que estão preparados para tudo, mas como são tolos, tolos, tolos!

Eles nos deixaram com nosso feniano morto e, enquanto a Irlanda tiver túmulos como este, a Irlanda cativa jamais estará em paz.

—— AS CONSEQUÊNCIAS ——

Na segunda-feira de Páscoa em 1916, revolucionários irlandeses se insurgiram contra as forças de ocupação britânicas. De seu quartel-general na agência dos correios de Dublin, Pearse leu uma declaração de independência de uma nova República da Irlanda. Bandeiras irlandesas ondularam orgulhosamente na cidade.

Os rebeldes, porém, eram poucos e mal equipados em comparação com os soldados treinados da guarnição britânica. Após sete dias de batalha, Pearse ordenou uma rendição incondicional, a fim de evitar mais baixas civis.

Antes do levante, Pearse havia escrito: "O velho coração da terra precisava ser aquecido com o vinho rubro dos campos de batalha. Uma homenagem tão majestosa quanto esta jamais foi oferecida antes a Deus, a homenagem de vidas ofertadas de bom grado por amor ao país".

No entanto, confrontado com a dura realidade da luta nas ruas, ele perdeu o apetite pela guerra, mas a terra continuou recebendo sua "cota sacrificial de sangue". Às 3h30 de 3 de maio, Patrick Pearse foi executado por um pelotão de fuzilamento.

O que o rebelde Pearse ajudara a criar ficou envolto na época por certa ambivalência. Muitos irlandeses consideravam seu legado contraprodutivo – ou pior. Mas em vista da maneira com que morreu e através de seus discursos e escritos, Pearse se tornou um mártir da causa do nacionalismo irlandês armado.

Outros Episódios Notáveis

Como não restam registros do discurso que tornou Patrick uma lenda revolucionária, é preciso confiar em um historiador que muito tempo depois montou um relato baseado nas memórias de testemunhas oculares. Segundo esse relato, em 1775, Patrick Henry estava falando na Convenção de Virgínia sobre a necessidade de uma revolta contra o domínio inglês.

Sua conclusão arrebatadora entrou para a mitologia americana como um clamor decisivo da Guerra da Independência:

> Nossos confrades já estão em campo! Por que nós estamos aqui ociosos? [...] A vida é tão preciosa ou a paz tão doce que devam ser compradas ao preço de grilhões e escravidão? Deus Todo-Poderoso nos livre disso! Eu não sei que caminho os outros podem tomar, mas, quanto a mim, exijo liberdade ou a morte!

1916
DISCURSO NO BANCO DOS RÉUS

SIR ROGER CASEMENT
(1864-1916)

Indubitavelmente, o mais pitoresco e polêmico de todos os grandes revolucionários irlandeses que participaram em 1916 do Levante da Páscoa contra o domínio britânico é Roger Casement.

O início de sua juventude foi passado na África, a serviço dos interesses coloniais britânicos, mas uma estada em sua Irlanda natal em 1904-1906 fez Casement se tornar um adepto fervoroso do nacionalismo irlandês. Em 1913, renunciou a seu cargo no Ministério das Relações Exteriores e passou a se dedicar em tempo integral à causa.

Em julho de 1914, Casement armou uma operação bem-sucedida a fim de contrabandear armas para a Irlanda, fornecendo grande parte do poder de fogo que seria usado mais tarde no Levante da Páscoa. Em outubro desse ano, logo após a irrupção da Primeira Guerra Mundial, viajou para Berlim, onde esperava conseguir o apoio alemão para uma revolução armada.

Em 1916, porém, ficou evidente que os alemães não estavam dispostos a colaborar muito. Desiludido, ele voltou de submarino para a Irlanda, a fim de tentar evitar o que agora considerava uma rebelião fadada ao fracasso.

Até nisso ele foi malsucedido. Logo após seu desembarque, Casement foi detido. O Levante da Páscoa foi realizado sem ele e esmagado rápida e sangrentamente. Após um julgamento breve naquele mês de junho, Casement foi declarado culpado de traição e fez seu veemente discurso final no banco dos réus.

—— O DISCURSO ——

[...] Tenho uma objeção possivelmente discutível em termos da lei, porém certamente válida no aspecto moral, contra a aplicação aqui dessa lei inglesa de 565 anos que até hoje pretende privar os irlandeses da vida e da honra por não "apoiarem os inimigos do rei", e sim seu próprio povo.

Lealdade é um sentimento, não uma lei, e se baseia no amor, não na repressão. O governo da Irlanda pela Inglaterra se baseia em repressão, não em leis; e, como não demanda amor, não pode invocar lealdade. Hoje, o assassinato judicial é reservado apenas para uma raça de súditos do rei, os irlandeses; para aqueles que não conseguem esquecer sua fidelidade ao reino da Irlanda.

Qual é o princípio legal fundamental da liberdade de um inglês? Que ele deve ser julgado por seus pares.

Com todo o respeito, eu afirmo que este tribunal é para mim, como irlandês, um tribunal estrangeiro. Sendo eu irlandês, para mim este tribunal não é composto por meus pares.

É óbvio para todo homem consciente que eu tenho um direito irrevogável, caso seja julgado sob essa lei por alta traição, de ser julgado na Irlanda perante um tribunal irlandês e por um júri irlandês.

Este tribunal, este júri e a opinião pública deste país, a Inglaterra, só podem nutrir preconceito em variados graus contra mim, ainda mais em tempo de guerra. Deste tribunal e de sua jurisdição, eu apelo àqueles que acham que eu errei e àqueles que se sentem prejudicados pelo meu "mau exemplo", e rogo que somente a eles caiba decidir minha culpa ou minha inocência.

Tal direito é tão fundamental, natural e óbvio que fica claro que a Coroa estava ciente dele quando me trouxe à força e furtivamente da Irlanda para este país. Não fui eu que desembarquei na Inglaterra, e sim a Coroa que me arrastou para cá, longe do meu país ao qual voltei com a cabeça a prêmio, longe dos meus compatriotas cuja lealdade não está em questão, e privado de ser julgado por meus pares, cujo julgamento eu não recuso.

Não admito outro julgamento a não ser o deles. Não aceito outro veredicto que não o deles.

Afirmo neste banco dos réus que estou sendo julgado aqui não porque isso seja justo, mas porque isso é injusto.

[...]

Mas deixem-me dizer algo: eu me orgulho mais de estar aqui hoje no banco dos réus para responder a esta impugnação do que se estivesse no lugar dos meus acusadores. Se não há direito de rebelar-se contra um estado de coisas que nenhuma tribo selvagem suportaria passivamente, então tenho certeza de que é melhor para os homens lutarem e morrerem sem direitos do que viver em um estado de direito como este.

Um estado de direito no qual todos os seus direitos se tornam apenas uma acumulação de erros; no qual os homens precisam implorar com o fôlego suspenso pela permissão para subsistir em sua própria terra, para ter seus próprios pensamentos, para cantar suas próprias canções, para acumular os frutos de seu próprio esforço – e até mesmo implorar quando veem essas coisas inexoravelmente usurpadas deles –, então seguramente é uma coisa mais corajosa, sadia e verdadeira ser um rebelde ativo contra circunstâncias como esta do que aceitar tudo isso passivamente como o quinhão natural dos homens.

Meu Senhor, terminei. Senhores do júri, agradeço por seu veredicto. Espero que vocês não achem que fiz qualquer insinuação envolvendo sua honestidade ou sua integridade quando disse que este não era um julgamento feito por meus pares.

—— AS CONSEQUÊNCIAS ——

Em 3 de agosto de 1916, Roger Casement foi enforcado por traição, mas o governo britânico estava determinado a não criar mais mártires irlandeses. Em um esforço para manchar o nome de Casement, funcionários do governo lançaram os chamados "diários negros", que narravam a suposta libertinagem homossexual com rapazes e prostitutas adolescentes.

Durante anos, os admiradores de Casement afirmaram colérica e plausivelmente que os diários eram falsos. Em 2002, porém, uma análise científica concluiu que eles provavelmente são de fato um registro genuíno da vida privada de Casement.

Se a ciência estiver correta, Casement deve ser considerado um indivíduo complexo e talvez bastante imperfeito. Mas, imperfeito ou não, seu desafiador protesto final contra a opressão de seus compatriotas continua sendo uma defesa articulada e poderosa do nacionalismo irlandês, e um registro tocante de um homem indiscutivelmente corajoso.

1916
NÃO HÁ SALVAÇÃO PARA A ÍNDIA

MAHATMA GANDHI
(1869-1948)

Nascido na Índia da rainha Vitória, no auge do Raj britânico, Mahatma Gandhi desde cedo foi exposto aos dois lados do Império Britânico. Em Londres, onde, como muitos de seus compatriotas, foi estudar Direito, Gandhi conheceu todo o esplendor da capital imperial. Mas, logo após se formar, assumiu um cargo na África do Sul regida por britânicos, onde viu o pior lado do colonialismo e do racismo.

Durante vinte anos, Gandhi foi um defensor incansável dos direitos civis na África do Sul. Foi lá que elaborou sua filosofia da *satyagraha*, uma doutrina de resistência não violenta que estimulava a honestidade, a cooperação e a compaixão, e deplorava métodos mais agressivos de oposição.

Gandhi exerceu um impacto profundo na África do Sul, mas, ao voltar para a Índia em 1915, ainda era relativamente desconhecido. Isso, porém, logo mudaria. Em 1916, ele fez um de seus primeiros discursos públicos na Índia para uma plateia de estudantes, aristocratas e eminências coloniais na inauguração de uma nova universidade em Benares (atual Varanasi). Foi esse discurso que pôs Gandhi definitivamente no mapa.

—— O DISCURSO ——

Eu quero pensar em voz alta esta noite. Não quero fazer um discurso e, se vocês acharem que estou falando sem reserva, por favor, considerem que estão apenas partilhando os pensamentos de um homem que se permite pensar em voz alta, e, se acharem que estou transgredindo os limites da polidez, me perdoem pela liberdade que porventura eu esteja tomando.

[...]

Eu dirigi o foco de luz para todos os lados e, como vocês me deram o privilégio de lhes falar, estou abrindo meu coração. Por certo, precisamos estabelecer bem certas coisas em nosso avanço rumo ao autogoverno. Agora lhes apresento outra cena. Sua Alteza, o Marajá, que presidiu ontem nossas deliberações, falou sobre a pobreza da Índia. Outros oradores deram grande ênfase a isso. Mas o que nós vimos no grande pandal [*estrutura religiosa temporária*] que sediou a cerimônia de fundação conduzida pelo vice-rei? Um espetáculo certamente magnífico, uma exposição de joias, que encheria os olhos do melhor joalheiro que decidisse vir de Paris.

Eu comparo os nobres ricamente adornados com os milhões de pobres. E tenho vontade de dizer a esses nobres: "Não há salvação para a Índia, a menos que vocês se desfaçam dessas joias e as deixem sob a custódia de seus compatriotas na Índia". Tenho certeza de que esse não é o desejo do imperador-rei [...] que a fim de demonstrar a lealdade mais genuína [...] seja necessário esvaziarmos nossas caixas de joias e nos despojarmos por completo da cabeça aos pés. Eu me encarregaria, sob o risco da minha própria vida, de lhes trazer uma mensagem do próprio rei George dizendo que não espera algo desse tipo.

Senhores, sempre que ouço falar de um palácio grandioso sendo erguido em qualquer cidade importante da Índia, seja na Índia britânica ou na Índia governada por nossos grandes chefes, fico enciumado e digo: "Ah, e o dinheiro veio dos agricultores". Mais de 75% da população é composta por agricultores e o sr. Higginbotham nos disse ontem à noite, com sua própria linguagem oportuna, que eles são os homens que cultivam duas folhas de gramínea no lugar de uma. Mas não pode haver muito espírito de autogoverno entre nós, se nós tomamos ou permitimos que outros tomem deles quase tudo que conseguem com sua labuta. Nossa salvação só pode vir através do agricultor. Nem advogados, nem médicos, nem os ricos proprietários de terras irão assegurá-la.

[...]

AS CONSEQUÊNCIAS

Quando Gandhi fez este discurso, o nacionalismo indiano estava ganhando impulso crescente. Uma geração de indianos educada no Ocidente encontrava-se desgostosa com as iniquidades do domínio britânico. O Partido do Congresso, fundado em 1885, estava em ebulição clamando por maior independência da Grã-Bretanha, e a inquietação popular também aumentava. Em 1912, o vice-rei lorde Hardinge escapou por pouco de uma tentativa de assassinato.

Gandhi concordava que a independência era desejável, mas sua tática para conquistá-la era revolucionária. Para ganhar uma independência real, ele argumentava, seu país teria de se mostrar merecedor. Em vez de dirigir seu "foco de luz" para os suseranos britânicos, Gandhi enfocou a própria Índia.

Os príncipes resplandecentes na plateia não gostaram das observações de Gandhi sobre riqueza, extravagância e o homem comum, assim como do restante de seu discurso. Bem antes do término de sua preleção, Gandhi foi precipitadamente retirado do palco.

Sua estratégia inédita e ousada para a obtenção da independência, porém, se disseminou. Na década de 1920, Gandhi já era uma espécie de santo vivo na Índia – um herói popular que, a cada atitude, provocava fervor popular e temor por parte dos senhores coloniais. Em 1947, após décadas de luta, os britânicos finalmente tiveram de abrir mão de seu domínio. Gandhi, com sua missão cumprida, foi assassinado no ano seguinte.

Outros Episódios Notáveis

Em novembro de 1938, enquanto tropas japonesas invadiam a China, Mao Zedong fez um pronunciamento para o Comitê Central do Partido Comunista Chinês.

A mensagem do líder foi simples: todo comunista deve entender o fato real de que o poder político provém do cano de uma arma de fogo.

Essas palavras foram proféticas. Com a Segunda Guerra Mundial ainda se arrastando, os exércitos comunistas de Mao se fortaleceram partindo para uma guerrilha eficiente contra os invasores japoneses. Após derrotar os japoneses, ele estava livre, em 1946, para atacar o Partido Nacionalista, ou Kuomintang, uma facção adversária chinesa.

Em 1950, Mao se tornou o dirigente supremo de toda a China. Mas o poder nascido das armas não podia afrouxar o controle sobre a violência. As reformas feitas por Mao em tempo de paz conduziram a China para o século XX e estão na raiz de sua atual prosperidade, mas milhões de chineses morreram ao longo do caminho.

1939
O PRIMEIRO SOLDADO DO REICH ALEMÃO

ADOLF HITLER

(1889-1945)

Nenhum político da história usou o poder da oratória de forma mais maligna do que Adolf Hitler. Em comícios ele levava o público ao paroxismo – atentas a cada palavra, as pessoas choravam, riam e expressavam seu apoio gritando em uníssono *Sieg Heil* [Salve Vitória].

Exceto por esse talento diabólico, Hitler não tinha outros predicados em sua luta para conquistar a alma da Alemanha. Ele fora um estudante medíocre e servira como cabo de baixa patente na Primeira Guerra Mundial.

No entanto, à medida que Hitler se voltou para a política nacionalista radical após a guerra, sua habilidade para manipular ressentimentos e atiçar a raiva se tornou uma arma imbatível. Em 1921, tornou-se o líder do que viria a ser o Partido Nazista, e seus discursos inflamados logo atraíram mais seguidores para o movimento em expansão.

Apesar de uma temporada na prisão após o malogrado levante conhecido como o *Putsch* de Munique e de uma proibição subsequente de falar em público, o ímpeto de Hitler era arrebatador. Em 1933, com sua popularidade em alta, foi nomeado chanceler da República Alemã. Logo depois, através de uma combinação de intimidação política e violência paramilitar, ele aboliu toda a república substituindo-a pelo "Terceiro Reich".

Seis anos depois, em 1º de setembro de 1939, com o discurso abaixo, Hitler anunciou a seus ministros que a Alemanha estava entrando em guerra com a Polônia.

—— O DISCURSO ——

Há meses sofremos com um problema torturante criado pelo Tratado de Versalhes [*a ocupação pela Polônia do "Corredor de Danzig" após o fim da Primeira Guerra Mundial*] – um problema que atingiu um ponto intolerável para nós [...]

Como sempre, eu tentei mudar pacificamente essa situação intolerável fazendo propostas para uma revisão [...] Por iniciativa própria, fiz não uma, mas várias vezes, propostas para a revisão dessas condições intoleráveis. Como vocês sabem, todas essas propostas foram rejeitadas [...] Foi tudo em vão.

[...]

[...] Quem confunde meu amor pela paz e minha paciência com fraqueza ou até covardia faz um julgamento equivocado. Portanto, decidi ontem à noite e informei o governo britânico que nestas circunstâncias não posso mais achar que o governo polonês tenha a menor disposição de conduzir sérias negociações conosco.

[...]

Não estou pedindo aos alemães mais do que eu mesmo estive disposto a fazer a qualquer hora por quatro anos. Não haverá privações para os alemães às quais eu mesmo não me sujeite. Daqui em diante minha vida toda pertence mais do que nunca ao meu povo. Daqui em diante eu sou apenas o primeiro soldado do Reich alemão. Uma vez mais eu vesti esse capote que me era o mais estimado e sagrado. E não vou mais tirá-lo enquanto a vitória não estiver assegurada, ou não sobreviverei às consequências.

[...]

Como nacional-socialista e soldado alemão, entro decidido nesta luta. Toda a minha vida tem sido nada mais do que uma longa luta pelo meu povo, por sua restauração e pela Alemanha. Essa luta só teve um lema, "fé neste povo", e só há uma palavra que eu jamais aprendi: rendição.

[...] Portanto, eu gostaria de assegurar ao mundo inteiro de que um novembro de 1918 [*data da rendição da Alemanha na Primeira Guerra Mundial*] jamais se repetirá na história alemã.

[...]

E gostaria de encerrar com a declaração que fiz certa vez, quando iniciei a luta pelo poder no Reich. Eu disse naquela ocasião: "Se nossa vontade for tão forte que nenhuma privação e sofrimento possam subjugá-la, então nossa vontade e nosso poder alemão irão prevalecer".

—— AS CONSEQUÊNCIAS ——

Analisado em retrospecto, este discurso é um conjunto assombroso de mentiras. Cada compromisso e cada declaração solene foram violados no prazo de poucos anos. Todas as invectivas de Hitler a respeito de supostos ressentimentos nada mais eram do que um pretexto descarado. A Alemanha estava sendo atirada em uma guerra total.

A França e a Grã-Bretanha haviam assegurado a independência polonesa. Quando os alemães atacaram, as duas potências ocidentais não tiveram outra opção a não ser apoiar seu aliado. Em 1941, a Alemanha atacou a Rússia, apesar de um pacto secreto entre nazistas e soviéticos assinado em agosto de 1939, sob o qual a União Soviética invadiu o leste da Polônia em 17 de setembro. Posteriormente, em 1941, os Estados Unidos entraram no conflito, após o ataque inesperado dos japoneses a Pearl Harbor.

Entre todas as mentiras do discurso de Hitler, a maior foi que a guerra de agressão da Alemanha seria vitoriosa. Em 1945, o arrogante exército nazista havia sido dizimado. Entre 60 e 80 milhões de pessoas foram mortas em todo o mundo. Cerca de 6 milhões de judeus pereceram no genocídio do Holocausto, assim como um número semelhante de eslavos, homossexuais, comunistas, ciganos e outros. Quando a primavera chegou à Europa, tropas soviéticas entraram nas ruas de uma Berlim estilhaçada.

Em um abrigo subterrâneo da cidade em chamas, Hitler, ciente de que estava liquidado, cometeu suicídio. Pelo menos nisso, ele manteve sua palavra.

Outros Episódios Notáveis

Neville Chamberlain não foi um mau primeiro-ministro, mas teve o infortúnio de entrar para a história devido a seu erro catastrófico de julgamento.

Em 1938, Chamberlain havia acabado de voltar da Alemanha, onde se encontrara com Adolf Hitler. Nesse encontro, Hitler havia aceitado um acordo que lhe dava o controle da região checa dos Sudetos, cuja população era predominantemente alemã.

Privada de sua fronteira montanhosa, a Checoslováquia ficou impotente diante da máquina de guerra alemã, mas Hitler prometera que, exceto pelos Sudetos, não tinha outras ambições territoriais na Europa. Assim, ao desembarcar, Chamberlain brandiu seu acordo recém-assinado diante da multidão e disse as palavras equivocadas que lhe granjearam uma triste fama: "Acho que vamos ter paz no nosso tempo".

1940
Três Discursos em Tempo De Guerra

WINSTON CHURCHILL
(1874-1965)

Winston Churchill não teve uma infância promissora. "Se você não der um basta", escreveu certa vez seu pai frustrado, "nessa vida ociosa e inútil que tem levado durante o ano letivo [...], você será imprestável para a sociedade."

Apesar de seu claro potencial, na juventude ele conquistou tantas amizades quanto inimizades. Ao conhecê-lo em 1903, a memorialista Beatrice Webb achou-o "ególatra [...] frívolo e reacionário" –, uma impressão compartilhada por muita gente.

Após uma carreira bem-sucedida como soldado e correspondente de guerra, quando ele decidiu entrar na política, seu temperamento franco e voluntarioso sempre atrapalhou sua ascensão. No decorrer da década de 1930, por exemplo, ele abespinhava o governo alertando constantemente ouvintes relutantes sobre a ameaça mortal representada pelo poder crescente do regime nazista.

Porém, quando Hitler invadiu a Checoslováquia e depois a Polônia em 1939, ficou subitamente comprovado o quanto

Churchill infelizmente tinha razão. Em maio de 1940 ele se tornou primeiro-ministro e deparou com uma situação assustadora.

Do outro lado do Canal da Mancha, forças britânicas e francesas estavam sendo repelidas pelas *Blitzkrieg* dos nazistas. Muitas autoridades britânicas logo passaram a cogitar a possibilidade de selar uma paz precipitada.

Churchill, porém, foi arrojado. Quando a França se esfacelou, o primeiro-ministro empregou todo o seu arsenal retórico para unir seu povo em torno da luta que havia pela frente.

—— OS DISCURSOS ——

SANGUE, LABUTA, SUOR E LÁGRIMAS
(CÂMARA DOS COMUNS, 13 DE MAIO DE 1940)

Este foi o primeiro discurso de Churchill, como primeiro-ministro, na Câmara dos Comuns. Na noite anterior, tropas alemãs haviam entrado na Bélgica, na Holanda e em Luxemburgo. A Batalha da França havia começado.

[...] Nesta crise espero ser perdoado se hoje não dirigir-me de forma breve à Câmara [*dos Comuns*]. Espero que os amigos e colegas ou ex-colegas que porventura estejam afetados pela reconstrução política deem pleno desconto a qualquer falta de cerimônia que tenha sido necessária para agir. Eu diria à Câmara, assim como disse aos que entraram neste governo: "Não tenho nada a lhes oferecer senão sangue, labuta, suor e lágrimas". Temos diante de nós uma provação do tipo mais atroz. Temos muitos meses longos de luta e sofrimento pela frente. Vocês perguntam, qual é nosso plano de ação? Eu posso dizer: É empreender guerra por mar, terra e ar com todo o nosso vigor e com toda a força que Deus nos der; empreender guerra contra uma tirania monstruosa sem precedentes no rol sombrio e lamentável de crimes humanos. É esse nosso plano de ação. Vocês perguntam, qual é nosso objetivo? Posso responder em uma palavra: A vitória, a vitória a qualquer preço, a vitória apesar de todo o terror, a vitória por mais longo e duro que seja o caminho; pois sem vitória não há sobrevivência. É preciso perceber o seguinte: sem a sobrevivência do Império Britânico, sem a sobrevivência de tudo o que o Império Britânico defende, sem a sobrevivência do estímulo e do impulso das eras, esse gênero de seres humanos irá em frente rumo à sua meta. Mas eu assumo minha tarefa com animação e esperança. Tenho certeza de que nossa causa não fracassará entre os homens. Neste momento sinto-me autorizado a reivindicar a ajuda de todos e digo: "Então venham, vamos juntos em frente com nossa força unida".

Outros Episódios Notáveis

Giuseppe Garibaldi cresceu em uma Itália dividida. Uma colcha de retalhos de pequenos Estados italianos em contenda uns com os outros ou vivendo sob o domínio de senhores estrangeiros.

Assim, em 1848, ele se envolveu em uma missão para acabar com a velha ordem refratária e criar uma nova república italiana.

Seus esforços iniciais não resultaram conforme o planejado. Em 1849, ele se viu em Roma, ferido, derrotado e diante da perspectiva de rendição ao cerco do Exército francês. Desafiador, ele se dirigiu a uma multidão na Praça de São Pedro:

> Soldados, estou partindo de Roma. Aqueles que querem continuar a guerra contra os estrangeiros, venham comigo. Eu não ofereço pagamento, nem alojamento, nem provisões. Eu ofereço fome, sede, marchas forçadas, batalhas e morte. Que me sigam aqueles que amam seu país.

Levou mais de uma década, mas o sonho de Garibaldi de uma nação unificada finalmente se realizou, e ele é lembrado como o pai da Itália moderna. Muitos anos depois, Winston Churchill se inspirou nas famosas palavras de Garibaldi para seu discurso "Sangue, Labuta, Suor e Lágrimas".

DEVEMOS LUTAR NAS PRAIAS
(CÂMARA DOS COMUNS, 4 DE JUNHO DE 1940)

Churchill fez este discurso pouco tempo após a bem-sucedida evacuação da Força Expedicionária Britânica de Dunquerque.

Após um relato emocionante da operação e do heroísmo daqueles que a tornaram possível, Churchill prosseguiu:

No entanto, nossa gratidão pela evacuação do nosso Exército e de tantos homens, cujos entes queridos passaram uma semana angustiante, não deve nos cegar para o fato de que o que aconteceu na França e na Bélgica é um desastre militar colossal. O Exército francês se enfraqueceu, o Exército belga ficou perdido, grande parte daquelas linhas fortificadas nas quais se depositava tanta fé acabou, muitas áreas valiosas de mineração e fábricas agora estão de posse do inimigo, todos os portos do canal estão nas mãos dele, com todas as trágicas consequências resultantes, e nós devemos estar preparados para outro golpe que deverá ser desferido quase imediatamente contra nós ou na França.

[...]

Embora grandes extensões da Europa e muitos Estados antigos e famosos tenham sido derrotados ou possam cair nas garras da Gestapo e de todo o odioso aparato do domínio nazista, nós não devemos esmorecer nem fracassar. Nós devemos ir até o fim, devemos lutar na França, devemos lutar nos mares e oceanos, devemos lutar com confiança e força crescentes no ar, devemos defender nossa ilha a qualquer custo, devemos lutar nas praias, devemos lutar nos campos de pouso, devemos lutar nos campos e nas ruas, devemos lutar nas colinas; não devemos nos render jamais, e mesmo se, no que eu não creio sequer por um segundo, esta ilha ou grande parte dela for subjugada e passar fome, nosso império além-mar, armado e protegido pela Esquadra Britânica, continuará lutando até que, na hora que Deus quiser, o Novo Mundo, com toda a sua potência e vigor, dê um passo à frente para resgatar e libertar o Velho Mundo.

SEU MOMENTO MAIS BELO
(CÂMARA DOS COMUNS, 18 DE JUNHO DE 1940)

Quando Churchill fez este discurso, estava claro que a França fora totalmente derrotada. Churchill passou boa parte do tempo tentando ser tranquilizador, enaltecendo o vigor das defesas britânicas contra a invasão, mas em sua conclusão vibrante enfatizou bem o que estava em jogo:

O que o general Weygand [*o comandante-chefe francês*] chamou de Batalha da França acabou. Eu espero que a Batalha da Grã-Bretanha esteja prestes a começar. Dessa batalha depende a sobrevivência da civilização cristã. Dela depende a própria vida dos britânicos e a longa continuidade de nossas instituições e de nosso império.

Toda a fúria e toda a força do inimigo devem se voltar muito em breve contra nós. Hitler sabe que terá de nos destruir nesta ilha, caso contrário perderá a guerra. Se nós pudermos resistir a ele, toda a Europa pode ser libertada e a vida no mundo pode progredir para um patamar mais amplo e ensolarado. Mas, se nós falharmos, o mundo inteiro, incluindo os Estados Unidos, incluindo tudo o que conhecemos e prezamos, afundará no abismo de uma nova Idade Média tornada mais sinistra, e talvez mais prolongada, pelas luzes da ciência pervertida. Vamos, portanto, encarar nossos deveres e nos compenetrar de tal modo que, se o Império Britânico e toda a sua comunidade durarem mil anos, os homens ainda dirão: "Esse foi seu momento mais belo".

—— AS CONSEQUÊNCIAS ——

Anos antes, durante a Primeira Guerra Mundial, Churchill havia escrito para sua mulher: "Tudo tende à catástrofe e ao colapso, mas estou interessado, animado e feliz. Não é horrível ter esse tipo de caráter?".

Agora, em uma posição envolvendo bem mais responsabilidade e com um desastre bem pior avultando, ele ficou ainda mais empolgado e seus discursos, transmitidos pela BBC, inspiraram seus compatriotas.

A Grã-Bretanha tinha toda razão em temer Hitler. E o exemplo da França – que se rendeu apesar de ter uma Marinha em grande parte intacta e um número imenso de homens ainda armados – mostrara a importância da moral nacional. Um mês após o discurso "Seu Momento Mais Belo" de Churchill, os primeiros bombardeios alemães haviam atingido cidades britânicas. Naquele agosto, enquanto o Comando de Caças lutava para refrear a Luftwaffe, Churchill imortalizou os pilotos da RAF: "Nunca, no campo das lutas humanas, tantos deveram tanto a tão poucos".

O país, no entanto, se manteve firme. A Batalha da Grã-Bretanha foi vitoriosa no fim do ano, e a maré começou a mudar lentamente. Em novembro de 1942, Churchill pôde fazer o seguinte comentário sobre a vitória britânica em El Alamein no norte da África: "Este não é o fim nem tampouco o início do fim. Mas talvez seja o fim do início".

Outros Episódios Notáveis

Em 1940, o embaixador italiano na Grécia disse ao líder grego Ioannis Metaxas para se render. Ele respondeu com uma palavra: "Não!".

Essa negativa pode não configurar um discurso, mas a populacão grega encarou como uma ordem e saiu correndo pelas ruas gritando sem parar "Não! Não! Não!". Até hoje, os gregos comemoram anualmente o "Dia do Não" em 28 de outubro, em memória da rebeldia lacônica de Metaxas.

1940
O APELO DE 18 DE JUNHO

CHARLES DE GAULLE
(1890-1970)

No início de maio de 1940, a República da França estava preparada para a invasão alemã. Embora Hitler houvesse invadido a Polônia em 1939 com uma facilidade preocupante, os franceses tinham plenos motivos para estar confiantes. As forças aliadas defendendo a França sobrepujavam os alemães no número de tanques, aviões e homens, e a principal fronteira franco-alemã estava defendida pelos formidáveis *bunkers* da Linha Maginot.

No meio de junho, porém, o Exército francês foi esmagado e humilhado. *Panzers* alemães haviam penetrado nas linhas aliadas como uma faca em um mofado queijo roquefort. Em 14 de junho, Paris foi dominada e, em 17 de junho, o primeiro-ministro francês, marechal Pétain, declarou pelo rádio que a França estava pronta para se render.

Para alguns cidadãos franceses que ainda se lembravam do terrível derramamento de sangue da Primeira Guerra Mundial, a capitulação de Pétain foi um enorme alívio. Até mesmo a submissão parecia um preço justo para evitar a carnificina de outra Frente Ocidental.

No entanto, pelo menos um francês discordava. Era Charles de Gaulle, um general de média patente que se distinguia por uma típica mistura gálica de orgulho e arrogância empedernida, e que escapara para Londres no caos da retirada francesa. No dia seguinte à infame declaração de Pétain, De Gaulle usou as ondas do rádio para dar sua própria resposta desafiadora.

—— O DISCURSO ——

Os líderes que, durante muitos anos, estiveram à frente das Forças Armadas francesas montaram um governo. Alegando a derrota de nossos exércitos, esse governo entrou em negociações com o inimigo visando o fim das hostilidades.

[...]

Mas será que a última palavra foi dita? Devemos abandonar toda a esperança? Nossa derrota é definitiva e irremediável?

A essas perguntas eu respondo com um não!

Falando com pleno conhecimento dos fatos, peço que vocês acreditem em mim quando digo que a causa da França não está perdida. Os próprios fatores que causaram nossa derrota podem um dia nos levar à vitória.

Pois, lembrem bem disso, a França não está sozinha nem isolada. Em sua retaguarda há um vasto império, e ela pode somar forças com o Império Britânico, que comanda os mares e continua lutando. Assim como a Inglaterra, ela pode recorrer sem reserva aos imensos recursos industriais dos Estados Unidos.

[...]

Hoje estamos esmagados pelo mero peso da força mecanizada lançada contra nós, mas ainda podemos contar com um futuro no qual uma força mecanizada ainda maior nos trará a vitória. O destino do mundo está em jogo.

Eu, general De Gaulle, agora em Londres, apelo a todos os militares e civis franceses que estão atualmente em solo britânico, ou possam estar no futuro, com ou sem suas armas; eu apelo a todos os engenheiros e operários especializados das fábricas de armamentos que estão atualmente em solo britânico, ou possam estar no futuro, que entrem em contato comigo.

Aconteça o que acontecer, a chama da resistência francesa não pode nem deve morrer.

—— AS CONSEQUÊNCIAS ——

Este discurso pode ter alcançado apenas uma audiência limitada quando foi transmitido, mas, à medida que o desafio proposto por De Gaulle se disseminou, fugitivos da França chegaram a Londres para aderir à força de resistência modesta, porém simbolicamente importante, do general.

Outros, impossibilitados de deixar a França sob ocupação nazista, também foram tocados pelas inflamadas palavras finais dele. Não demorou para que milhares de homens e mulheres franceses estivessem lutando por trás das linhas alemãs, como parte da cada vez mais poderosa Resistência.

Quatro anos depois, Charles de Gaulle entrou em Paris à frente de seu vitorioso exército dos Franceses Livres. Naturalmente, foram os britânicos e os americanos os maiores responsáveis pela vitória, mas a presença altaneira de De Gaulle permitiu que os franceses se vissem como seus próprios libertadores.

De Gaulle foi presidente da França por muitos anos, durante os quais seu país manteve uma aura de orgulho nacional – ou, como alguns dizem, até de superioridade – que teria sido impossível sem sua postura arrojada e intransigente.

1941
Discurso Alusivo ao Aniversário da Revolução de Outubro

JOSEF STALIN
(1878-1953)

Iosif Vissarionovitch Djugatchvilli, mais conhecido como Stalin, foi o primeiro secretário-geral do Comitê Central do Partido Comunista da União Soviética. Na infância, viveu na pobreza, como a maioria dos camponeses da Rússia no fim do século XIX, mas era um menino brilhante e acabou ganhando uma bolsa de estudos no seminário ortodoxo de Tíflis. Lá entrou para uma organização secreta, na qual teve contato com ideias sociais revolucionárias e literatura marxista.

Stalin nunca se formou, mas passou a trabalhar como preceptor e escrevente e, à noite, se dedicava ao movimento revolucionário. Em 1901 aderiu ao Partido Trabalhista Social-Democrata, permanecendo na Rússia, onde ajudou a organizar a resistência industrial ao czarismo. Stalin juntou-se aos bolcheviques em 1903 e desse ano até 1917 foi detido diversas vezes por suas ações políticas. A certa altura foi mandado para o exílio na Sibéria.

Ao voltar em 1917, Stalin ajudou Lenin a organizar um levante bolchevique e, em 1922, foi eleito secretário-geral do novo Partido Comunista, o que lhe permitiu construir uma base de apoio.

Após a morte de Lenin em 1924, Stalin venceu a luta de poder para sucedê-lo e consolidou sua base de apoio, passando a perna em seus adversários políticos. Agora dirigente supremo da União Soviética, impôs uma industrialização rápida, aumentando a produtividade e o crescimento econômico soviéticos. Porém, seu regime de terror, durante o qual ele expurgou o partido "dos inimigos do povo", resultou na execução de milhares de pessoas e no sofrimento de outros milhões que foram forçados a se exilar.

Tais expurgos exauriram gravemente o Exército Vermelho e, quando a Alemanha invadiu a Rússia em 22 de junho de 1941, Stalin foi pego desprevenido. Sua crueldade não se abalou e, em uma série de discursos, ele reuniu a população clamando por uma tática de terra arrasada que privaria os alemães de quaisquer suprimentos. Nesse discurso, feito na Praça Vermelha em 7 de novembro de 1941, aniversário da Revolução de Outubro, Stalin mostra estar preparado para combater os alemães e afirma que nem ele nem o Exército se dariam por vencidos.

—— O DISCURSO ——

Camaradas, homens, comandantes e instrutores políticos do Exército Vermelho e da Marinha Vermelha, trabalhadores e trabalhadoras, homens e mulheres das fazendas coletivas, intelectuais, irmãos e irmãs na retaguarda contra o inimigo que caíram temporariamente sob o jugo dos bandidos alemães, nossos gloriosos guerrilheiros e guerrilheiras que estão rompendo a retaguarda dos invasores alemães!

Em nome do governo soviético e do nosso Partido Bolchevique eu os saúdo e congratulo no 24º aniversário da grande Revolução Socialista de Outubro.

Camaradas, hoje devemos celebrar o 24º aniversário da Revolução de Outubro em condições difíceis. O ataque traiçoeiro dos bandidos alemães e a guerra que eles nos impuseram criaram uma ameaça ao nosso país. Perdemos temporariamente algumas regiões, e o inimigo está diante dos portões de Leningrado e Moscou.

O inimigo calculava que nosso Exército se dispersaria ao primeiro golpe e que nosso país ficaria de joelhos. Mas o inimigo se equivocou por completo. Apesar de reveses temporários, nosso Exército e nossa Marinha estão rechaçando bravamente os ataques inimigos em todo o fronte, infligindo baixas pesadas, enquanto nosso país – todo o nosso país – se organizou como um só campo de batalha, a fim de, com nosso Exército e Marinha, derrotar os invasores alemães.

Houve uma época em que nosso país esteve em uma situação ainda mais difícil. Lembrem do ano de 1918, quando celebramos o primeiro aniversário da Revolução de

Outubro. Naquela época três quartos de nosso país estavam nas mãos de intervencionistas estrangeiros. Havíamos perdido temporariamente a Ucrânia, o Cáucaso, a Ásia Central, os Urais, a Sibéria e o Extremo Oriente. Não tínhamos aliados nem o Exército Vermelho – estávamos justamente começando a criá-lo – e nos faltavam pão, armas e equipamentos.

Naquela época 14 Estados estavam unidos contra nosso país, mas nós não nos abatemos nem perdemos a esperança. No meio da conflagração da guerra nós organizamos o Exército Vermelho e transformamos nosso país em um campo militar. O espírito do grande Lenin nos inspirou naquela época para a guerra contra os intervencionistas. E o que aconteceu? Nós derrotamos os intervencionistas, recuperamos todos os nossos territórios perdidos e conquistamos a vitória.

Hoje, nosso país está em uma posição bem melhor do que há 23 anos. Hoje é muito mais rico em termos de indústria, alimentos e matérias-primas. Hoje temos aliados que, conosco, formam uma frente unida contra os invasores alemães. Hoje temos a simpatia e o apoio de todos os povos da Europa que estão sob o jugo da tirania fascista. Hoje temos um Exército e uma Marinha esplêndidos defendendo com sua vida a liberdade e a independência do nosso país. Não temos escassez grave de alimentos, armas ou equipamentos.

[...]

Portanto, como duvidar de que nós podemos e devemos obter a vitória sobre os invasores alemães? O inimigo não é tão forte quanto dizem alguns pseudointelectuais apavorados. O demônio não é tão terrível quanto o pintam. Quem pode negar que nosso Exército Vermelho mais de uma vez pôs as arrogantes tropas alemãs para correr em pânico?

[...]

Os invasores alemães estão gastando suas últimas forças. Não há dúvida de que a Alemanha não pode manter esse esforço por muito tempo. Daqui a alguns meses, mais meio ano ou talvez um ano, a Alemanha hitlerista vai cair sob o peso de seus próprios crimes.

Camaradas, homens, comandantes e instrutores políticos do Exército Vermelho e da Marinha Vermelha, guerrilheiros e guerrilheiras!

O mundo inteiro os vê como uma força capaz de destruir as hordas criminosas dos invasores alemães. Os povos escravizados da Europa sob o jugo dos invasores alemães dependem de vocês para libertá-los. Cabe a vocês uma grande missão libertadora. Sejam dignos dessa missão! A guerra que vocês estão empreendendo é uma guerra de libertação, uma guerra justa. Que as imagens heroicas de nossos grandes antepassados [...] os inspirem nesta guerra!

Que o estandarte vitorioso do grande Lenin tremule acima de sua cabeça!

Destruição total aos invasores alemães!

Morte aos exércitos alemães de ocupação!

Vida longa à nossa gloriosa pátria, à sua liberdade e à sua independência!

Sob o estandarte de Lenin – avante para a vitória!

—— AS CONSEQUÊNCIAS ——

As tropas saíram direto da Praça Vermelha para o fronte. O Exército se manteve firme e os alemães foram detidos no norte. Stalin clamou por um contra-ataque, apesar de dúvidas por parte de seus comandantes.

Em 5 de dezembro o Exército Vermelho iniciou uma operação de contraofensiva estratégica em um período conhecido como Campanha de Inverno, expulsando os alemães da capital. No início de janeiro eles foram forçados a recuar mais de 240 quilômetros. Ao realizar uma série de ofensivas constantes, muitas vezes usando soldados inexperientes, Stalin provou que as

Blitzkrieg podiam ser derrotadas. Sua tática virou um exemplo para tropas em todo o mundo.

Leningrado e Estalingrado, ambas sitiadas, resistiram apesar de baixas terríveis e privações aterradoras. Em fevereiro de 1943, todo o Exército alemão em Estalingrado se rendeu; posteriormente nesse mesmo ano, em Kursk, forças blindadas russas obtiveram uma vitória convincente sobre os *Panzers,* e as forças alemãs começaram a se retirar, perseguidas o tempo todo pelo Exército Vermelho que, finalmente, em abril/maio de 1945, tomou Berlim.

A decisão de Hitler de invadir a União Soviética provavelmente foi o erro isolado mais catastrófico na história do século XX. A defesa da União Soviética, porém, se deu a um custo altíssimo: estima-se que, na Segunda Guerra Mundial, mais de 23 milhões de civis e militares pereceram, o que representa 14% da população soviética.

1941
Uma Data Que
Viverá na Infâmia

FRANKLIN DELANO ROOSEVELT

(1882-1945)

Quando operadores de radar americanos avistaram uma grande formação de aviões desconhecidos se aproximando da base naval em Pearl Harbor, Havaí, eles tinham razão em ficar alarmados. A Segunda Guerra Mundial estava se alastrando na Europa e as coisas no Pacífico começavam a esquentar. Diplomatas e especialistas na decifração de códigos alertavam havia meses que o Japão podia romper a paz com os Estados Unidos e que a força militar japonesa expansionista podia tentar fazer um ataque inesperado.

Porém, quando a visão desses aviões foi relatada ao centro de informação de radares em Fort Shafter, o oficial de plantão disse aos operadores para não se preocuparem. Um voo de bombardeiros amistosos estava previsto para aquele dia e era a única explicação plausível para os "bipes" incomuns na tela dos radares. Seguramente, os japoneses, apesar de toda a sua ousadia, jamais se arriscariam a dar um golpe tão audaz e tão distante de seu próprio território, certo?

Horas depois, aquele mesmo oficial de plantão viu horrorizado quando centenas de caças convencionais e bombardeiros de mergulho japoneses irromperam no céu de verão para devastar as linhas de encouraçados dos Estados Unidos que estavam ancorados no porto. Ao término do ataque, mais de 2 mil recrutas americanos estavam mortos.

No dia seguinte, o presidente Franklin Delano Roosevelt dirigiu-se ao Congresso, onde fez um discurso que ficaria gravado para sempre na memória nacional.

—— O DISCURSO ——

Sr. vice-presidente, Sr. presidente e membros do Senado e da Câmara dos Deputados:

Ontem, 7 de dezembro de 1941, uma data que viverá na infâmia, os Estados Unidos da América foram repentina e deliberadamente atacados por forças aéreas e navais do Império do Japão.

Os Estados Unidos estavam em paz com essa nação e, a pedido do Japão, ainda em conversação com seu governo e seu imperador, visando à manutenção da paz no Pacífico. No entanto, uma hora depois de os esquadrões aéreos japoneses começarem a bombardear a ilha americana de Oahu, o embaixador japonês nos Estados Unidos e seu colega entregaram ao nosso secretário de Estado uma resposta formal a uma mensagem americana recente. E, embora afirmasse que parecia inútil continuar as negociações diplomáticas em curso, essa resposta não continha qualquer ameaça ou insinuação de guerra ou de ataque armado.

Vale registrar que a distância entre o Havaí e o Japão evidencia que o ataque foi deliberadamente planejado muitos dias ou semanas atrás. Nesse meio-tempo, o governo japonês procurou deliberadamente enganar os Estados Unidos com falsas afirmações e manifestações de esperança pela continuidade da paz.

O ataque de ontem às ilhas havaianas causou sérios danos às forças navais e militares americanas. Eu lamento informá-los da perda de muitas vidas americanas. Além disso, há notícias de que navios americanos foram torpedeados em alto-mar entre São Francisco e Honolulu.

Ontem o governo japonês também lançou um ataque contra a Malásia.

Ontem à noite forças japonesas atacaram Hong Kong.

Ontem à noite forças japonesas atacaram Guam.

Ontem à noite forças japonesas atacaram as ilhas Filipinas.

Ontem à noite os japoneses atacaram as ilhas Wake. E esta manhã os japoneses atacaram as ilhas Midway.

Portanto, o Japão fez uma ofensiva repentina em toda a área do Pacífico. Os fatos de ontem e de hoje falam por si mesmos. O povo dos Estados Unidos já formou suas opiniões e entende bem as implicações para a própria vida e segurança de nossa nação.

Como comandante-chefe do Exército e da Marinha ordenei que todas as medidas para a nossa defesa sejam tomadas.

Mas nossa nação sempre irá lembrar o caráter do ataque violento contra nós.

Não importa quanto tempo será preciso para superar essa invasão premeditada, o povo americano com seu justo poder alcançará a vitória absoluta. Eu creio interpretar a vontade do Congresso e do povo quando afirmo que nós não só nos defenderemos ao máximo, como iremos assegurar que essa forma de traição jamais volte a nos colocar em risco.

Hostilidades existem. Não podemos ignorar o fato de que nosso povo, nosso território e nossos interesses estão em sério perigo.

Com confiança em nossas Forças Armadas, com a determinação irrestrita de nosso povo e com a ajuda de Deus, conquistaremos o triunfo inevitável.

Peço que o Congresso declare que, devido ao ataque não provocado e vil do Japão no domingo, 7 de dezembro de

1941, os Estados Unidos estão em estado de guerra com o Império do Japão.

—— AS CONSEQUÊNCIAS ——

Ao atacar Pearl Harbor, o Japão obteve uma estupenda vitória tática. Ao mesmo tempo, porém, o país selou sua própria derrota inevitável. Os Estados Unidos relutavam em entrar na guerra, pois seu sentimento isolacionista era forte e disseminado. Porém, confrontados com fotos de encouraçados em chamas e com as listas de marinheiros mortos, a população previamente relutante se arremessou no conflito.

O discurso de Roosevelt foi duro e simples – a expressão perfeita de uma resolução nacional recém-tomada. O "justo poder" dos Estados Unidos, disse ele, e a "determinação irrestrita" produziriam "a vitória absoluta".

E, embora a luta fosse árdua, a balança logo pendeu em favor dos Estados Unidos. Seis meses depois, na Batalha de Midway, pilotos da força aérea americana tiveram sua revanche danificando a esquadra japonesa de porta-aviões. Fuzileiros navais norte-americanos começaram a repelir os avanços japoneses no Pacífico. Nesse ínterim, nos confins do Novo México, um grupo de cientistas estava construindo a arma que cobraria em escala sem precedentes a dívida de Pearl Harbor.

Em agosto de 1945, os americanos lançaram uma bomba atômica na cidade japonesa de Hiroshima e pouco depois outra em Nagasaki. Dias depois, o Japão ofereceu sua rendição incondicional.

OUTROS EPISÓDIOS NOTÁVEIS

J. Robert Oppenheimer tem a distinção ambígua de ser lembrado na história como o pai da bomba atômica. Cientista brilhante e homem ambicioso, ele estava profundamente curioso para ver se a bomba funcionaria e ficou satisfeito ao ter a confirmação.

Como não era tolo, sabia que a invenção que ele e sua equipe em Los Alamos havia engendrado era algo simultaneamente miraculoso e terrível. Em uma entrevista para a televisão anos depois, ele relembrou como se sentiu quando acompanhou o primeiro teste bem-sucedido da bomba – uma citação que entraria para a história:

> Nós sabíamos que o mundo não seria mais o mesmo. Algumas pessoas riram, outras choraram, mas a maioria ficou em silêncio. Lembrei de um trecho do livro sagrado hindu Bhagavad-Gita: 'Agora, eu me tornei a Morte, o destruidor de mundos'. Acho que, de uma ou outra forma, todos nós pensamos nisso.

1944
DISCURSO NO DIA DE SÃO CRISPIM E SÃO CRISPINIANO

LAURENCE OLIVIER (1907-1989);
WILLIAM SHAKESPEARE (c.1564-1616)

De todos os discursos neste livro, o discurso no Dia de São Crispim e São Crispiniano em *Henrique V*, de Shakespeare, foi o que percorreu a rota mais estranha para ocupar seu lugar na história. Escrita em torno do fim do século XVI, a peça é uma releitura dramática da história do rei Henrique V da Inglaterra e de sua campanha que resultou na batalha de Agincourt.

Na versão de Shakespeare, o rei lidera seu grupo de rudes cavaleiros até a França, enfrenta a nata da cavalaria francesa e, em Agincourt, humilha uma força superior de orgulhosos cavaleiros gálicos por meio de exímios arqueiros, brio inglês e um discurso particularmente instigante na véspera da batalha.

Por quase três séculos e meio após ser escrito, o discurso despertava apenas interesse literário. Na década de 1940, porém, quando a Grã-Bretanha se confrontou com os nazistas do outro lado do Canal da Mancha, as velhas palavras ganharam um novo sopro de vida como propaganda bélica.

No cerne dessa ressurreição estava Laurence Olivier, o melhor ator shakespeariano do país, que recitou o discurso em um programa de rádio da BBC em 1942. Com base nessa gravação, foi encomendada uma versão cinematográfica com Olivier no papel principal. O filme foi lançado em 1944, justamente quando tropas britânicas estavam, como os homens de Henrique, mais uma vez lutando na França.

—— O DISCURSO ——

Henrique acaba de escutar a fala de seu primo, o conde de Westmoreland, o qual comenta que gostaria de receber reforços de dez mil homens que ficaram na Inglaterra "sem fazer nada".

Quem está se lamentando?
Meu primo Westmoreland? Não, querido primo,
se estamos destinados a morrer, já somos
perda suficiente para o país; e, se devemos viver,
quanto menos formos maior será a parte de cada um na glória.
Pela vontade de Deus, não queira ter um só homem a mais!
Por Júpiter, não tenho a ambição do ouro
nem me preocupo com quem come às minhas custas;
não me importa se alguém usa as minhas roupas;
essas coisas exteriores não dominam os meus anseios.
Mas se é pecado almejar a glória
eu sou a alma mais pecadora que existe.

Não, pela minha fé, primo, não queira mais um único
homem da Inglaterra.
Pela paz de Deus! Eu jamais deixaria escapar uma glória
tão grande
para que outro homem viesse a dividir comigo
as minhas melhores esperanças. Ah, não queira um só
homem a mais!
Em vez disso proclame por todas as minhas hostes,
Westmoreland,
que aquele que não tiver estômago para lutar
pode partir, seu passaporte será feito,
e as coroas para pagar a viagem serão postas em sua bolsa.
Não queremos morrer na companhia desse homem
que teme compartilhar a sorte de morrer conosco.
Hoje é o Dia de São Crispiniano.
Aquele que sobreviver neste dia e voltar a salvo para casa
se erguerá na ponta dos pés quando falarem neste dia
e sentirá orgulho só de ouvir falar o nome de São
Crispiniano.
Aquele que sobreviver neste dia e chegar à velhice
irá de véspera festejar com os vizinhos
dizendo: Amanhã é a festa de São Crispiniano.
Então, arregaçando as mangas e exibindo as cicatrizes,
dirá: Eu ganhei estas feridas no Dia de São Crispiniano!
Os homens velhos esquecem; porém, mesmo tendo
esquecido tudo o mais,
ele se lembrará, com todos os detalhes,
dos feitos que cometeu neste dia. Então, nossos nomes
serão tão familiares em sua boca como os de seus parentes:

o rei Henrique, Bedford e Exeter,
Warwick e Talbot, Salisbury e Gloucester
serão lembrados, com as taças transbordantes.
Esta história será ensinada pelo bom homem ao seu filho,
E o Dia de São Crispim e de São Crispiniano nunca será mencionado,
de hoje até o dia do fim do mundo,
sem que nós nessa data sejamos lembrados,
nós poucos, os poucos felizardos, nós, bando de irmãos;
porque aquele que hoje derramar o seu sangue comigo
será meu irmão; por mais humilde que seja
a sua condição, este dia a enobrecerá;
E os cavalheiros da Inglaterra que agora estão na cama
vão se maldizer por não terem estado aqui,
considerando de pouco valor a sua hombridade quando alguém falar
que lutou ao nosso lado no Dia de São Crispiniano.

Tradução de Fernando Nuno

—— AS CONSEQUÊNCIAS ——

O discurso de Shakespeare é uma obra-prima, um exemplo perfeito da arte da oratória, e, graças a Olivier, o filme fez enorme sucesso. Como diretor e também astro principal, ele omitiu com maestria alguns dos momentos mais sombrios e ambíguos da história, tornando-a um libelo patriótico que emocionou o coração de todos que assistiram ao filme.

Quarenta e cinco anos depois e em uma Grã-Bretanha bem diferente, Kenneth Branagh dirigiu e estrelou outro filme com base na mesma peça, desta vez enfatizando o horror, não o lado honroso, da guerra. Mas foi o desempenho de Olivier, premiado com um Oscar, que entrou para a história. Montado em seu cavalo no Dia de São Crispim e São Crispiniano, o rei Henrique V interpretado por Olivier continua sendo até hoje um retrato definitivo da bravura em tempo de guerra.

Outros Episódios Notáveis

Entre as diversas peças maravilhosas de William Shakespeare, *Júlio César* apresenta um de seus discursos mais citados no III Ato.

Marco Antônio está fazendo um discurso elogioso no funeral de Júlio César. Brutus, um dos assassinos de César, controla Roma, e Antônio precisa ter cuidado com o que diz. Mas desde a primeira frase ("Amigos, romanos, conterrâneos, emprestem-me seus ouvidos") ele obtém domínio completo sobre a multidão.

Seu constante refrão irônico, "Brutus é um homem honrado", é o exemplo perfeito de uma velha arte retórica: elogiar ao máximo o inimigo e, ao fazer isso, apunhalá-lo pelas costas.

1944
DISCURSO ANTES DO DIA D

GENERAL GEORGE S. PATTON

(1885-1945)

Um dos maiores e mais pitorescos generais da Segunda Guerra Mundial foi o americano George S. Patton. Ele atuou com distinção na Frente Ocidental em 1917, no norte da África em 1942 e na Sicília em 1943. Em 1944, como líder altamente respeitado, foi designado para o comando do Terceiro Exército dos Estados Unidos, faltando pouco tempo para a invasão dos Aliados na França sob ocupação.

Patton tinha a reputação de ser um soldado sem papas na língua e fazia por merecer isso. Enquanto os chefes de propaganda britânicos corriam para dar os toques finais em sua inspiradora produção de *Henrique V*, Patton adotou um tom bem diverso. Na véspera do Dia D, ele reuniu seus homens e fez o seguinte discurso:

—— O DISCURSO ——

[...] Vocês estão aqui hoje por três motivos. Primeiro, para defender seu lar e seus entes queridos. Segundo, por respeito próprio, porque não desejariam estar em qualquer outro lugar.

Terceiro, porque são homens de verdade e todos os homens de verdade gostam de lutar [...]

[...]

É claro que queremos voltar para casa. Queremos que essa guerra acabe. O meio mais rápido para dar fim a ela é apanhar os bastardos que começaram tudo. O quanto antes eles forem apanhados, mais cedo poderemos voltar para casa. O caminho mais curto para casa é por Berlim e Tóquio. E quando chegarmos a Berlim, vou atirar pessoalmente naquele filho da puta do Hitler. Do mesmo jeito que eu mataria uma cobra!

[...]

Nós não só vamos acabar com os filhos da puta, como vamos arrancar suas malditas entranhas e usá-las para lubrificar os rolamentos dos nossos tanques. Vamos matar aqueles veados nojentos e bárbaros aos montes. A guerra é um negócio mortal e sangrento. É preciso derramar o sangue deles ou eles irão derramar o seu. Rasgar a barriga deles. Atirar nas entranhas deles. Quando projéteis pipocam à sua volta e você esfrega a cara para tirar o pó e percebe que, em vez de pó, são o sangue e as vísceras daquele cara que era seu melhor amigo e estava a seu lado, você sabe muito bem o que tem de fazer!

Eu não quero receber mensagens do tipo: "Estou mantendo minha posição". Nós não estamos mantendo porra nenhuma. Deixem os alemães fazerem isso. Nós estamos avançando constantemente e não estamos interessados em agarrar nada, a não ser as bolas do inimigo. Nós vamos torcer as bolas dele e chutar sua bunda o tempo todo. Nosso plano básico de operação é avançar e continuar avançando, independentemente de termos de passar por cima, por baixo ou através do inimigo. Nós vamos atravessá-lo como merda saindo de um ganso; como lixo saindo de um babaca!

[...]

Há uma coisa ótima que vocês, homens, vão poder dizer depois que esta guerra acabar e estiverem de novo em casa. Vocês ficarão gratos daqui a vinte anos quando estiverem sentados junto à lareira, com um neto sentado em seu joelho e ele perguntar o que vocês fizeram na grande Segunda Guerra Mundial. Vocês não terão de dar uma tossida, colocá-lo no outro joelho e dizer: "Bem, o vovô recolhia merda com uma pá em Louisiana". Não, senhores, vocês podem olhá-lo nos olhos e dizer: "Meu caro, seu vovô estava lutando com o grandioso Terceiro Exército e um maldito filho da puta chamado George Patton!".

—— AS CONSEQUÊNCIAS ——

O Terceiro Exército dos Estados Unidos só chegou à Normandia um mês após o Dia D, mas, quando Patton desembarcou, provou logo que honrava o que dizia. Suas tropas invadiram as linhas alemãs, varrendo toda a França e cercando dois exércitos nazistas com *Panzers* no caminho. Em janeiro de 1945, o Terceiro Exército havia combatido mais divisões, indo além e mais rapidamente do que qualquer Exército americano até então.

Nessa primavera, o Exército abriu caminho até a Alemanha e a Áustria e, em abril, Berlim caiu. Patton, porém, não conseguiu matar Hitler – o ditador tomou a dianteira e cometeu suicídio em seu *bunker* subterrâneo em 30 de abril, enquanto tropas soviéticas lutavam ruas acima.

Naturalmente, apesar de toda sua verborragia tosca, Patton não recebeu todo o crédito pelo êxito do Terceiro Exército. "Velho Sangue e Colhões" era seu apelido, mas, como seus homens corrigiam em tom jocoso, tratava-se de "*nosso* sangue e os colhões *dele*".

1947
UM ENCONTRO COM O DESTINO

JAWAHARLAL NEHRU
(1889-1964)

No início da década de 1940, a Grã-Bretanha havia percebido que os dias de seu império na Índia estavam chegando ao fim. A minúscula nação insulana, falida devido à Segunda Guerra Mundial, não tinha mais como controlar um subcontinente com um quarto de bilhão de habitantes.

Estava ficando cada vez mais difícil governar essa imensa população. A resistência não violenta de Mahatma Gandhi havia constrangido os suseranos britânicos. Um fator ainda mais perigoso era que a velha cola imperial, que conseguira unir diferentes povos da Índia, estava perdendo rapidamente seu poder de aderência, à medida que muçulmanos e hindus travavam conflitos violentos nas ruas.

Assim, em 1947, um novo vice-rei britânico, o vistoso almirante e lorde Louis Mountbatten, chegou a Nova Délhi para se ocupar da retirada da Grã-Bretanha da Índia. Cinco meses depois, a missão foi cumprida e a Índia declarou a independência.

O primeiro homem que tentou dirigir essa nação recém-criada foi Jawaharlal Nehru, um político de origem aristocrática e veterano na longa luta da Índia pela liberdade. Nehru acreditava fervorosamente na independência indiana, mas, em muitos aspectos, também era o elegante cavalheiro inglês educado em Harrow e Cambridge, e formado em Direito no Inner Temple de Londres. Na noite de 14 de agosto, quando seu país se preparava para a independência, Nehru fez o seguinte discurso:

—— O DISCURSO ——

Há muitos anos eu tive um encontro com o destino, e agora é chegada a hora de cumprir nossa promessa não inteiramente ou em toda a sua extensão, mas muito substancialmente. Ao soar a meia-noite, enquanto o mundo dorme, a Índia acordará para a vida e a liberdade. Surge um determinado momento, desses que ocorrem raramente na história, no qual passamos do velho para o novo, no qual uma era termina e no qual a alma de uma nação, há muito tempo oprimida, encontra sua voz.

[...]

O dia marcado chegou – o dia marcado pelo destino – e a Índia, após uma letargia e uma luta longas, novamente se ergue desperta, vivaz, livre e independente. O passado ainda nos refreia em certa medida e temos muito a fazer antes de cumprirmos as promessas feitas com tanta frequência. Mas o ponto crucial passou e uma nova história começa para nós, a história que viveremos e encenaremos e sobre a qual outros escreverão.

Este é um momento decisivo para nós da Índia, para toda a Ásia e para o mundo. Uma nova estrela se ergue, a estrela da liberdade no Oriente, uma nova esperança passa a existir, uma visão há muito acalentada se materializa. Que a estrela nunca se ponha e que a esperança nunca seja traída! Nós nos regozijamos com essa liberdade, embora nuvens nos cerquem, parte de nossa gente esteja tomada pelo pesar e estejamos rodeados de problemas difíceis. Mas a liberdade traz responsabilidades e fardos que devemos enfrentar com o espírito de um povo livre e disciplinado.

[...]

Nós somos cidadãos de um grande país, prestes a dar um grande passo, e temos de estar à altura desse padrão elevado. Todos nós, independentemente da religião à qual pertencemos, somos igualmente filhos da Índia e temos os mesmos direitos, privilégios e obrigações. Nós não podemos encorajar o comunalismo ou a mentalidade tacanha, pois nenhuma nação pode ser grande se seu povo for acanhado em pensamentos e ações.

Enviamos saudações às nações e aos povos do mundo, e nos comprometemos a cooperar com eles em prol da paz, da liberdade e da democracia.

E à nossa pátria tão amada, a antiga, a eterna e sempre nova Índia, prestamos nossa homenagem reverente e nos colocamos mais uma vez a seu serviço. Jai Hind!

—— AS CONSEQUÊNCIAS ——

Em meio a "encontros com o destino" e "estrelas da liberdade", Nehru inseriu prudentemente um lembrete sobre os "problemas difíceis" que surgiriam a seguir.

Lamentavelmente, seus temores foram completamente justificados. O mesmo Ato Parlamentar que deu a independência à Índia também dividiu, por pressão da poderosa Liga Muçulmana, o velho domínio britânico em dois novos países: a Índia hindu e o Paquistão muçulmano.

No dia dessa partilha, milhões de refugiados cruzaram as fronteiras recém-delineadas. À medida que passavam por comunidades hostis, a inquietação derivou para uma guerra civil, com massacres perpetrados de ambos os lados. Centenas de milhares de pessoas foram mortas.

Porém, mais de meio século depois, a Índia está emergindo da pobreza e se destacando como uma das maiores potências democráticas do mundo. Apesar das armadilhas e dos problemas, e das tensões constantes com o Paquistão, a visão idealista de Nehru a respeito da Índia está lentamente se materializando.

1954
Carta Testamento

GETÚLIO VARGAS
(1882-1954)

O presidente Getúlio Vargas, que governou de 1930 a 1945 e de 1951 a 1954, constitui um caso peculiar. Embora fosse um grande orador e comunicador dotado de recursos orais, gestuais e dramáticos, tornou-se célebre sobretudo pela Carta Testamento deixada após seu suicídio, no Palácio Presidencial do Catete, no Rio de Janeiro, em 24 de agosto de 1954.

Sua família vinha de uma linhagem de imigrantes açorianos e pertencia à elite rural da região da fronteira entre o Brasil e a Argentina, com tradição militar, tendo seu pai sido combatente da Guerra do Paraguai. Ele nasceu no município de São Borja, no Rio Grande do Sul, em 19 de abril de 1882. Depois de estudar na escola local, sua família o enviou, com os irmãos, para cursar o ensino médio em Ouro Preto, Minas Gerais. Voltando ao Rio Grande do Sul, alistou-se no regimento militar da sua cidade natal em 1898, com apenas dezesseis anos. Em 1902, no posto de sargento, ele participou da força expedicionária enviada a Corumbá, como parte da campanha contra a Bolívia pela incorporação do Acre.

Mas foi em 1904, quando se inscreveu na Faculdade de Direito de Porto Alegre, que o fato decisivo de sua vida se manifestou. Na Escola Militar conheceu então os cadetes Eurico Gaspar Dutra e Pedro Aurélio de Góis Monteiro, sendo por eles introduzido no estudo do positivismo e do castilhismo. O positivismo, doutrina de ambições modernizadoras, criada pelo filósofo francês Augusto Comte, preconizava o advento de uma nova civilização industrial, baseada na ciência e na técnica e gerida por uma liderança inspirada e desprendida de sectarismos políticos e partidários. O político Júlio de Castilho, considerado o "patriarca do Rio Grande do Sul" usou esse fundamento para forjar o Partido Republicano Rio-Grandense e a Constituição do Estado, ensejando a corrente política que levou seu nome e teve enorme impacto sobre o país. Suas principais diretrizes eram o espírito da conciliação conservadora, uma gestão justificada como um novo começo regenerador da nação, exercida por uma liderança política pairando acima dos partidos, como um pai autoritário, porém sábio, benevolente e protetor dos fracos e oprimidos. Vargas se tornou tão íntimo dessa doutrina que, quando Castilho morreu, em 1903, ele foi escolhido para fazer a oração fúnebre do mestre. O sucesso foi tamanho que o catapultou ao topo da política gaúcha e nacional.

Como líder do Partido Republicano Rio-Grandense, Vargas se empenhou e conseguiu a pacificação das correntes locais que se digladiavam numa autêntica guerra civil. Angariou assim o prestígio que o tornaria o candidato alternativo ideal quando, em 1930, paulistas e mineiros que até então se revezavam na presidência da República (política do "café-com-leite"), se desentenderam lançando o país numa luta intestina. Com a Crise de 1929 corroendo a riqueza e o poder dos cafeicultores paulistas, os estados dissidentes comandados por Minas Gerais e pelo Rio Grande do Sul encabeçaram um golpe militar que empossou Getúlio Vargas em 1930. Desde sua posse ele adotou uma política progressivamente autoritária, centralista e personalista, que culminaria com a imposição, em 1937, do regime ditatorial denominado "Estado Novo". Getúlio aboliria os partidos, adotando uma Constituição de inspiração corporativista, introduziria uma legislação de direitos trabalhistas, em paralelo ao controle político dos sindicatos e das classes trabalhadoras. A censura, a polícia política e seu poderoso serviço de propaganda criariam a imagem idolatrada do "Pai dos Pobres". Ao fim da Segunda Guerra Mundial, a vitória dos aliados exige sua deposição. Reconduzido ao poder pela eleição de 1950, com seu governo já enquadrado nos termos da Guerra Fria, enfrenta uma oposição política implacável e apoiada por setores militares. Acuado, teatraliza o suicídio em 1954, legando sua traumática Carta Testamento.

⸺ CARTA TESTAMENTO ⸺

Mais uma vez as forças e os interesses contra o povo coordenaram-se e novamente se desencadeiam sobre mim. Não me acusam, insultam; não me combatem, caluniam, e não me dão o direito de defesa.

Precisam sufocar a minha voz e impedir a minha ação, para que eu não continue a defender, como sempre defendi, o povo e principalmente os humildes. Sigo o destino que me é imposto. Depois de decênios de domínio e espoliação dos grupos econômicos e financeiros internacionais, fiz-me chefe de uma revolução e venci. Iniciei o trabalho de libertação e instaurei o regime de liberdade social. Tive de renunciar. Voltei ao governo nos braços do povo. A campanha subterrânea dos grupos internacionais aliou-se à dos grupos nacionais revoltados contra o regime de garantia do trabalho. A lei de lucros extraordinários foi detida no Congresso. Contra a justiça da revisão do salário mínimo se desencadearam os ódios. Quis criar liberdade nacional na potencialização das nossas riquezas através da Petrobras e, mal começa esta a funcionar, a onda de agitação se avoluma. A Eletrobrás foi obstaculada até o desespero. Não querem que o trabalhador seja livre.

Não querem que o povo seja independente. Assumi o Governo dentro da espiral inflacionária que destruía os valores do trabalho. Os lucros das empresas estrangeiras alcançavam até 500% ao ano. Nas declarações de valores do que importávamos havia fraudes constatadas de mais de 100 milhões de dólares por ano. Veio a crise do café, valorizou-se o nosso principal produto. Tentamos defender seu preço e a resposta foi uma violenta pressão sobre a nossa economia, a ponto de sermos obrigados a ceder.

Tenho lutado mês a mês, dia a dia, hora a hora, resistindo a uma pressão constante, incessante, tudo suportando em silêncio, tudo esquecendo, renunciando a mim mesmo, para defender o povo, que agora se queda desamparado. Nada mais vos posso dar, a não ser meu sangue. Se as aves de rapina querem o sangue de alguém, querem continuar sugando o povo brasileiro, eu ofereço em holocausto a minha vida.

Escolho este meio de estar sempre convosco. Quando vos humilharem, sentireis minha alma sofrendo ao vosso lado. Quando a fome bater à vossa porta, sentireis em vosso peito a energia para a luta por vós e vossos filhos. Quando vos vilipendiarem, sentireis no pensamento a força para a reação. Meu sacrifício vos manterá unidos e meu nome será a vossa bandeira de luta. Cada gota de meu sangue será uma chama imortal na vossa consciência e manterá a vibração sagrada para a resistência. Ao ódio respondo com o perdão.

E aos que pensam que me derrotaram respondo com a minha vitória. Era escravo do povo e hoje me liberto para a vida eterna. Mas esse povo de quem fui escravo não mais será escravo de ninguém. Meu sacrifício ficará para sempre em sua alma e meu sangue será o preço do seu resgate. Lutei contra a espoliação do Brasil. Lutei contra a espoliação do povo. Tenho lutado de peito aberto. O ódio, as infâmias, a calúnia não abateram meu ânimo. Eu vos dei a minha vida. Agora vos ofereço a minha morte.

Nada receio. Serenamente dou o primeiro passo no caminho da eternidade e saio da vida para entrar na História.

——— AS CONSEQUÊNCIAS ———

As tintas dramáticas do suicídio de Getúlio Vargas mantinham consonância com o empenho, comandado por ele mesmo, para converter sua figura numa imagem extrapolítica, de dimensões mitológicas.

Esse projeto se tornou possível graças ao desenvolvimento e à difusão, em particular ao longo das décadas do entreguerras, anos 1930 a 1950, de todo um conjunto de novos meios de comunicação social, dando origem ao que ficou conhecido como a cultura de massas. Esses meios inovadores incluíam o rádio, o cinema falado, a fotografia instantânea e colorida e as novas revistas ilustradas.

O governo varguista, sobretudo a partir do Estado Novo, criou todo um aparato institucional, centrado no Departamento de Imprensa e Propaganda (DIP), destinado, por um lado, a censurar toda e qualquer fonte adversa ao regime e, por outro, a coordenar todas essas novas mídias de forma a transformar o presidente numa personagem midiática, irradiando sua simpatia e bondade por todos os canais de comunicação social. Se o Ministério da Educação patrocinava o apoio de artistas, cientistas e intelectuais favoráveis ao governo, o DIP promovia a imagem do "Pai da Nação" e "Pai dos Pobres" através de programas de rádio, filmes, documentários, cinejornais, cartazes e matérias de revistas. Procurava-se associar a imagem do presidente com tudo e todos que fossem populares: o futebol, o teatro de revista, o samba e a música popular, com cantores, cantoras e atrizes e até com a cultura popular rural, cordel, duplas sertanejas e xilogravuras.

Era um processo semelhante e paralelo ao desenvolvido pelos regimes autoritários da Itália de Mussolini, da Alemanha de Hitler e da União Soviética de Stalin. Mas também o governo norte-americano de Roosevelt, tentando fazer uma aliança com o Brasil para a Segunda Guerra, invadiu o país de investimentos e, através da chamada "política de boa vizinhança", estreitou as relações da cultura brasileira com a cultura de Hollywood. Vargas soube como configurar, definitivamente, a política como espetáculo.

1960
Os Ventos
da Mudança

HAROLD MACMILLAN
(1894-1986)

Nas décadas posteriores à Segunda Guerra Mundial, ficou evidente que a era do império acabara. A Índia tornara-se independente. O Sudeste Asiático passara a lutar contra o colonialismo. E na África, quase toda controlada por uma ou outra potência europeia, uma nova geração de nacionalistas negros com boa formação educacional estava se manifestando, exigindo liberdade após séculos de dominação branca.

No decorrer das décadas de 1950 e 1960, um número crescente desses países africanos ganhou independência. As grandes faixas sob domínio britânico que cobriam o continente em mapas escolares deram lugar a uma colcha de retalhos de nações recém-libertas.

Em 1960, quando esse movimento estava no auge, o primeiro-ministro britânico, Harold Macmillan, viajou à África do Sul. A república era independente desde 1931, mas, devido à substancial maioria negra, isso não havia levado a nenhuma forma de libertação. Ao contrário, uma elite colonial branca impunha a rigorosa política segregacionista do *apartheid* (que significa "separatismo"), a qual sujeitava os cidadãos negros do país a uma forte discriminação legalizada.

Chegando à Cidade do Cabo, Macmillan dirigiu-se a um Estado que ainda era profundamente apegado ao legado racista do passado. Sua missão era abrir os olhos da nação para a nova realidade em curso.

—— O DISCURSO ——

[...] Desde o colapso do Império Romano, um dos fatos constantes da vida política na Europa tem sido o surgimento de nações independentes. No decorrer dos séculos, elas têm surgido sob diferentes formas e com diversos tipos de governo, mas todas se inspiram em um sentimento forte e profundo de nacionalismo, que cresce à medida que as nações crescem [...]

Hoje a mesma coisa está acontecendo na África, e a impressão mais formidável de todas que tive desde que deixei Londres um mês atrás é da força dessa consciência nacional africana. Em diferentes lugares isso toma formas diversas, mas está acontecendo em todos os cantos.

Os ventos da mudança estão soprando neste continente, e, gostemos ou não, esse crescimento da consciência nacional é um fato político. Todos nós devemos aceitar isso como um fato, e nossos planos de ação nacionais têm de levar isso em conta.

Bem, vocês entendem isso melhor do que ninguém, pois têm raízes na Europa, o berço do nacionalismo, e criaram aqui na África uma nação livre. Uma nova nação. Por certo, na história de nossa época a sua será registrada como a primeira dos nacionalistas africanos. Essa maré de consciência nacional que agora se ergue na África é um fato pelo qual vocês e nós, assim como as demais nações do mundo ocidental, somos em última análise responsáveis.

Pois suas causas se encontram nas realizações da civilização ocidental, no avanço constante das fronteiras do conhecimento, na aplicação das ciências a serviço das necessidades humanas, na expansão da produção de alimentos, na aceleração e na multiplicação dos meios de comunicação e talvez, acima de tudo e mais do que qualquer outra coisa, na disseminação da educação.

Como eu já disse, o crescimento da consciência nacional na África é um fato político e devemos aceitá-lo como tal. Isso significa, creio eu, que precisamos chegar a um acordo com isso. Acredito sinceramente que, se não fizermos isso, podemos colocar em risco o equilíbrio precário entre o Oriente e o Ocidente do qual depende a paz mundial [...]

—— AS CONSEQUÊNCIAS ——

Macmillan era um político conservador da velha escola, educado em Eton e com os maneirismos da classe dominante tradicional. Porém, embora tivesse o típico charme da nobreza, sua mensagem continha uma repreensão severa. Conforme Douglas Hurd, ex-secretário de Relações Exteriores de linha conservadora, escreveu posteriormente, quando Macmillan disse: "Naturalmente, vocês entendem isso melhor do que ninguém", o real sentido foi: "Vocês devem entender isso mais do que ninguém, mas duvido que consigam".

A África do Sul, conforme ficou bastante implícito, estava atrasada. Além de não colocar em prática os valores ocidentais, corria o risco de impelir as novas nações da África para o abrigo insensível do bloco soviético e alterar desastrosamente o precário equilíbrio de poder da Guerra Fria.

Lamentavelmente, a África do Sul se recusou a acatar a advertência de Macmillan. O *apartheid* continuou em vigor no país por mais três décadas, deixando-o economicamente decadente e politicamente isolado. Mas o discurso de Macmillan conseguiu mandar um sinal importante para o restante da África. Apesar dos velhos laços de amizade entre as duas nações, a Grã-Bretanha reprovava o fato de a África do Sul resistir aos "ventos da mudança".

Outros Episódios Notáveis

Por volta do ano 83 d.C., o general romano Gneu Júlio Agrícola estava expandindo o Império Romano até seus limites mais longínquos. Após uma marcha árdua, suas legiões chegaram ao norte da Escócia, onde enfrentaram os caledônios, liderados por seu rei, Calgacus. Os romanos obtiveram uma vitória previsível e voltaram para o sul.

Essa batalha teria despertado pouca atenção se não fosse pela velocidade com que o historiador romano Tácito pôs na boca do rei caledônio uma das condenações ao imperialismo mais antigas e vigorosas da história. Uma frase ainda hoje é muito lembrada: "Eles [os romanos] saqueiam, massacram e roubam: a isso eles chamam falsamente Império. E onde semeiam a desolação, dizem levar a paz".

1961
Discurso de Posse

PRESIDENTE JOHN F. KENNEDY

(1917-1963)

John Fitzgerald Kennedy certamente superou uma boa cota de desafios em sua trajetória até a presidência dos Estados Unidos. Ao servir na Marinha na Segunda Guerra Mundial, sua lancha de patrulha foi afundada por um contratorpedeiro japonês e ele ficou boiando no mar por três dias até ser resgatado. Como jovem senador, foi afligido por uma rara insuficiência adrenocortical chamada doença de Addison, mas injeções de esteroides conseguiram salvar sua carreira.

Obstáculos bem maiores o aguardavam simplesmente devido a dados aparentemente prosaicos. Além de ser extraordinariamente jovem para um candidato à presidência, ele era católico. Com a Guerra Fria chegando a um clímax, qualquer percepção equivocada de que Kennedy era de algum modo "não americano" poderia ter sido fatal.

No entanto, Kennedy venceu por uma margem mínima as eleições presidenciais de 1960 e, daí em diante, teria de conquistar o povo americano. Entrando em uma esfera política dominada por protestantes brancos de idade mais avançada (o presidente Eisenhower, por exemplo, era o homem mais velho que já ocupara esse cargo), Kennedy, em seu discurso de posse, pegou seus pontos fracos notórios e os transformou em pontos fortes, apresentando-se como parte de uma nova geração.

—— O DISCURSO ——

Caros cidadãos:

Nós assistimos hoje não à vitória de um partido, mas a uma celebração da liberdade simbolizando tanto um fim quanto um início, significando tanto renovação quanto mudança. Pois eu fiz diante de vocês e de Deus Todo-Poderoso o mesmo juramento solene que nossos antepassados determinaram há quase um século e três trimestres.

O mundo agora está muito diferente, pois o homem tem em suas mãos mortais o poder de extinguir todas as formas de pobreza humana e todas as formas de vida humana. No entanto, as mesmas crenças revolucionárias defendidas por nossos antepassados ainda estão em debate em todo o globo – a crença de que os direitos do homem não provêm da generosidade do Estado, mas da mão de Deus.

Não podemos esquecer hoje de que somos os herdeiros dessa primeira revolução. Que a notícia se espalhe a partir desta hora e deste lugar, igualmente para amigos e inimigos, de que a tocha foi passada para uma nova geração de americanos – nascida neste século, temperada pela guerra, disciplinada por uma paz difícil e amarga, orgulhosa de nosso antigo legado e decidida a não testemunhar ou permitir o lento desmantelamento desses direitos humanos pelos quais esta nação sempre esteve empenhada, e com os quais hoje estamos empenhados internamente e no mundo inteiro.

Que toda nação saiba, quer nos queira bem ou mal, que pagaremos qualquer preço, assumiremos qualquer fardo, enfrentaremos qualquer privação, apoiaremos qualquer amigo e faremos oposição a qualquer inimigo, a fim de assegurar a sobrevivência e o êxito da liberdade.

É isso que prometemos, e mais.

Àqueles antigos aliados com os quais compartilhamos origens culturais e espirituais, prometemos a lealdade de amigos fiéis [...]

Àqueles novos Estados aos quais damos as boas-vindas nas fileiras dos livres, damos nossa palavra de que uma forma de controle colonial não terá sido extinta meramente para ser substituída por uma tirania ainda mais cruel [...]

Àqueles povos nas choupanas e aldeias de metade do globo lutando para quebrar as amarras da miséria em massa, prometemos nossos melhores esforços para ajudá-los a se ajudarem pelo tempo que for preciso [...] Se uma sociedade livre não puder ajudar as muitas que são pobres, ela não poderá salvar as poucas que são ricas.

Às nossas repúblicas congêneres ao sul de nossa fronteira, fazemos uma promessa especial: converter nossas boas palavras em boas ações em uma nova aliança pelo progresso e ajudar homens livres e governos livres a se livrar dos grilhões da pobreza [...]

Àquela congregação mundial de Estados soberanos, as Nações Unidas, dirigimos nossa maior esperança nesta era em que os instrumentos de guerra se desenvolvem com muito mais rapidez do que os instrumentos de paz, e renovamos nossa promessa de apoio [...]

Por fim, àquelas nações que podem se transformar em nossas adversárias, fazemos não uma promessa, mas um pedido: que ambos os lados retomem a busca pela paz, antes que os poderes sombrios da destruição desencadeados pela ciência mergulhem toda a humanidade na autodestruição planejada ou acidental.

[...]

Na longa história do mundo, somente a poucas gerações foi concedido o papel de defender a liberdade em seu momento de perigo máximo. Eu não me esquivo dessa responsabilidade, ao contrário, a assumo de bom grado. Eu não creio que qualquer um de nós gostaria de trocar de lugar com qualquer outra pessoa ou qualquer outra geração. A energia, a fé, a devoção que colocamos nesta missão iluminarão nosso país e todos que o servem – e o brilho dessa chama pode iluminar verdadeiramente o mundo.

Portanto, meus caros americanos: não perguntem o que seu país pode fazer por vocês, e sim o que vocês podem fazer por seu país.

Meus caros cidadãos do mundo: não perguntem o que a América fará por vocês, e sim o que podemos fazer juntos pela liberdade da humanidade [...]

—— AS CONSEQUÊNCIAS ——

Kennedy assumiu o poder em uma época de enormes desafios globais. A Guerra Fria havia atingido patamares novos e perigosos. Em junho de 1961, Kennedy teve um encontro difícil com seu homólogo soviético, Nikita Kruschev, que dominou o jovem presidente alertando que o comunismo "enterraria" o Ocidente capitalista.

Logo teve início a construção do Muro de Berlim, que separava a cidade entre a parte ocidental capitalista e a parte oriental de orientação soviética. Patrocinada pelos Estados Unidos, a invasão da baía dos Porcos em Cuba foi um fracasso retumbante. Um programa ampliado de testes de mísseis soviéticos intensificou a corrida pelas armas nucleares.

O maior desafio, porém, foi a crise dos mísseis cubanos de 1962. Durante alguns dias bastante tensos, Kennedy e Kruschev permaneceram em um impasse relativo à presença de mísseis nucleares a poucas centenas de milhas da costa americana. O mundo parecia à beira de uma guerra nuclear aniquiladora.

Nesses dias sombrios, o discurso de Kennedy serviu como uma declaração luminosa de intenções, uma declaração vigorosa de que os Estados Unidos fariam o que fosse preciso para vencer todos os desafios. Por 1.037 dias, até ser assassinado por Lee Harvey Oswald em 1963, Kennedy liderou sua nação em um dos períodos mais difíceis da história americana e continua sendo um dos presidentes mais admirados do país.

Outros Episódios Notáveis

Em 20 de julho de 1969, o mundo prendeu a respiração enquanto uma frágil nave espacial com dois astronautas americanos se aproximava da superfície árida da Lua. Por fim, o módulo lunar *Eagle* da Missão Apollo 11 pousou na rocha seca. No interior do módulo, Neil Armstrong mandou uma mensagem de rádio para a NASA no Texas. "Houston, aqui Base da Tranquilidade. A Águia pousou."

Depois de mais de seis horas de preparativos, os astronautas puderam abrir a escotilha da *Eagle*. Por fim, em 21 de julho, Neil Armstrong saiu do módulo apertado para o vácuo espacial. Lentamente, desceu a escada e, quando seu pé tocou o solo lunar, proferiu as famosas palavras: "Este é um pequeno passo para o homem, mas um enorme salto para a humanidade".

1963
Eu Tenho Um Sonho

MARTIN LUTHER KING JR.

(1929-1968)

Em 1863, a Proclamação da Emancipação a cargo de Abraham Lincoln pôs fim à escravidão nos estados nortistas unionistas. Dois anos depois, com a Guerra Civil terminada e a Confederação escravagista derrotada, os milhões de escravos que labutavam duramente nos campos de algodão no Sul ansiavam por uma nova era de liberdade.

Por algum tempo, pareceu que essa era chegara. Apesar da violenta objeção no Sul, as tropas federais de ocupação protegiam o direito da população negra à liberdade e ao voto.

Em 1877, porém, as tropas se retiraram, deixando o Sul nas mãos de políticos democratas radicais chamados "os Redentores". Eleitores negros eram impedidos de se registrar. Organizações racistas paramilitares como a Ku Klux Klan formaram esquadrões de linchamento. A seguir, uma série de leis segregacionistas separou vagões de trem, cafés, bebedouros e salas de espera para uso exclusivo dos cidadãos brancos.

Nesse país marcado pelo *apartheid* nasceu Martin Luther King Jr. Filho de um respeitado pregador batista e ativista de direitos civis, não é de surpreender que desde cedo Luther King manifestasse uma "ânsia interior" para "servir a Deus e à humanidade". Em 1955 ele já tinha um doutorado em teologia e seguia os passos do pai na Igreja Batista.

Em 1963, com seus talentos poderosos como orador, Luther King já era um líder do movimento crescente pelos direitos civis, exigindo o fim da segregação e da discriminação legal. Posteriormente, no verão desse ano, organizou uma marcha pacífica que reuniu cerca de 200 mil pessoas em Washington, onde, à sombra do Lincoln Memorial, fez o seguinte discurso extraordinário.

—— O DISCURSO ——

[...]

Cem anos atrás, um grande americano, em cuja sombra simbólica nos encontramos hoje, assinou a Proclamação da Emancipação dos Escravos. Esse decreto momentoso foi como um grande farol de esperança para milhões de escravos negros que murchavam nas chamas da injustiça. Ele foi como uma alvorada festiva para dar fim à longa noite de seu cativeiro.

Mas cem anos depois o negro ainda não é livre. Cem anos depois, a vida do negro ainda é lamentavelmente tolhida pelas algemas da segregação e os grilhões da discriminação

[...] Assim, viemos aqui hoje para exprimir dramaticamente uma situação vergonhosa.

Luther King continuou seu discurso preparado. Repleto de referências aos Pais Fundadores e à Constituição, tratava-se de um material poderoso, uma denúncia ardorosa das injustiças sofridas por seu povo. Por fim, após concluir o discurso, ele chegou à conclusão que pretendia:

[...]

Não estou desatento ao fato de que alguns de vocês vieram aqui apesar de grandes provações e tribulações. Alguns de vocês saíram há pouco de apertadas celas de cadeia. E alguns de vocês vêm de áreas onde sua busca pela liberdade fez que fossem golpeados pelas tempestades da perseguição e sacudidos pelos ventos da brutalidade policial. Vocês são os veteranos do sofrimento criativo. Continuem trabalhando com a fé de que o sofrimento imerecido é redentor. Voltem para o Mississippi, voltem para o Alabama, voltem para a Carolina do Sul, voltem para a Geórgia, voltem para a Louisiana, voltem para as favelas e guetos das nossas cidades nortistas, sabendo que de alguma forma essa situação pode e vai mudar.

Por volta desse ponto, quando King ia se sentar, a cantora de soul Mahalia Jackson o interpelou em meio à multidão: "Conte a eles sobre seu sonho, Martin. Fale a eles sobre o sonho". Ao ouvi-la, Luther King começou a improvisar e é a partir daí que o discurso realmente ganha vida.

Não nos arrastemos no vale do desespero, eu digo hoje a vocês, meus amigos. E embora enfrentemos as dificuldades de hoje e amanhã, eu ainda tenho um sonho. É um sonho profundamente enraizado no sonho americano.

Eu tenho um sonho de que um dia esta nação irá se levantar e viver de acordo com o verdadeiro sentido de sua crença: "Consideramos essas verdades evidentes, que todos os homens são criados iguais". Eu tenho um sonho de que um dia, nas montanhas rubras da Geórgia, os filhos de ex-escravos e os filhos de ex-donos de escravos serão capazes de se sentar juntos à mesa da fraternidade. Eu tenho um sonho de que um dia até o estado do Mississippi, um estado abafado pelo calor da injustiça, abafado pelo calor da opressão, será transformado em um oásis de liberdade e justiça. Eu tenho um sonho de que meus quatro filhos pequenos um dia viverão em uma nação na qual não serão julgados pela cor de sua pele, mas pelo teor de seu caráter.

Eu tenho um sonho hoje!

Eu tenho um sonho de que um dia, lá no Alabama, com seus racistas malignos, com seu governador cujos lábios destilam palavras venenosas como "intervenção" e "anulação" – um dia, lá mesmo no Alabama, meninos e meninas negras poderão andar de mãos dadas com meninos e meninas brancos como irmãos e irmãs.

Eu tenho um sonho hoje!

Eu tenho um sonho de que um dia todo vale será enaltecido, toda colina e montanha serão rebaixadas, os lugares acidentados serão aplainados e os lugares tortos serão endireitados; "e a glória do Senhor será revelada e todos os seres a verão juntos".

Essa é a nossa esperança, e é com essa fé que eu volto para o Sul.

Com essa fé, nós conseguiremos extrair da montanha do desespero uma pedra de esperança. Com essa fé, conseguiremos transformar as ásperas discórdias da nossa nação em uma bela sinfonia de fraternidade. Com essa fé, conseguiremos trabalhar juntos, orar juntos, lutar juntos, ir juntos para a cadeia, defender juntos a liberdade, sabendo que seremos livres um dia.

E esse será o dia – o dia em que todos os filhos de Deus conseguirão cantar com um novo significado:

Meu país, doce terra da liberdade, eu te canto.

Terra onde meus pais morreram, terra do orgulho dos pioneiros.

De todos os lados da montanha, que ecoe a liberdade!

E se a América está destinada a ser uma grande nação, isso se concretizará.

E que ecoe a liberdade nos prodigiosos cumes de New Hampshire.

Que ecoe a liberdade nas poderosas montanhas de Nova York.

Que ecoe a liberdade nas altaneiras Alleghenies da Pensilvânia.

Que ecoe a liberdade nas Montanhas Rochosas do Colorado, cobertas de neve.

Que ecoe a liberdade nas sinuosas encostas da Califórnia.

Mas não só isso:

Que ecoe a liberdade na Stone Mountain da Geórgia.

Que ecoe a liberdade na Lookout Mountain do Tennessee.

Que ecoe a liberdade em toda colina e montículo de terra do Mississippi.

De todos os lados da montanha, que ecoe a liberdade.

E quando isso acontecer, quando permitirmos que a liberdade ecoe, quando a deixarmos ecoar em cada vilarejo e em cada aldeia, em todo estado em toda cidade, conseguiremos avançar rumo a esse dia em que todos os filhos de Deus, homens negros e homens brancos, judeus e gentios, protestantes e católicos, conseguirão dar as mãos e cantar as palavras da velha cantiga negra:

Enfim livres! Enfim livres!
Graças a Deus Todo-Poderoso, finalmente estamos livres!

—— AS CONSEQUÊNCIAS ——

O discurso de Luther King foi um marco na luta pelos direitos civis nos Estados Unidos. Suas palavras ardentes, que misturavam argumentos intelectuais, retórica bíblica e exortação patriótica ("que ecoe a liberdade" transforma as palavras de uma famosa canção patriótica quase em uma prece), deram novo alento aos defensores da igualdade negra.

Graças a seu discurso, os políticos em Washington passaram a dar atenção à causa negra. Em 1964, o governo dos Estados Unidos finalmente aprovou a Lei de Direitos Civis selando o término oficial da segregação. Um ano depois, a Lei sobre o Direito ao Voto acabou com a proibição de os afro-americanos votarem.

A luta, porém, não terminara, pois a discriminação ainda era corrente. Desiludidos, muitos ativistas negros rejeitavam os preceitos de não violência de King e defendiam um tipo de luta mais militante.

Em 1968, Luther King já exercia menos influência, mas continuava otimista. "Isso não importa para mim agora", disse ele em um discurso para seus seguidores, "pois eu estive no topo da montanha e vi a Terra Prometida. Talvez eu não chegue lá com vocês, mas quero que vocês saibam esta noite que nós, como um povo, chegaremos à Terra Prometida."

No dia seguinte, quando estava na sacada de um hotel em Memphis, Martin Luther King Jr., então com 39 anos, foi alvejado e morto por um segregacionista branco.

1964
O VOTO OU A BALA

MALCOLM X
(1925-1965)

Enquanto Martin Luther King Jr. buscava igualdade para os afro-americanos pela não violência, um movimento mais sombrio e ambíguo se desenvolvia na clandestinidade. Sua figura de proa mais famosa foi o ativista islâmico Malcolm X.

Nascido em Nebraska e conhecido como Malcolm Little, este futuro líder era um ótimo aluno na escola, mas acabou preso após uma combinação de tragédia familiar e preconceito tirar sua vida dos trilhos.

Enquanto estava atrás das grades, descobriu a religião e, quando ganhou liberdade condicional em 1952, reinventou-se como Malcolm X, ministro da Nação do Islã, uma seita muçulmana nacionalista. O "X" era um símbolo de seu nome africano perdido, usurpado de seus antepassados por senhores de escravos.

Malcolm X se opunha vigorosamente às campanhas pacíficas de Martin Luther King Jr. "A revolução é sangrenta", disse ele certa vez. "A revolução é hostil, a revolução não faz concessões, a revolução subverte e destrói tudo o que obstrui seu caminho."

Em 1964, porém, ele começou a abrandar sua posição. Rejeitou a Nação do Islã, mais especificamente sua crença de que os brancos eram "demônios", e passou a defender um ativismo mais político do que militante. Em abril desse ano, em uma igreja metodista em Ohio, ele expôs sua nova filosofia com um discurso que se tornou memorável.

—— O DISCURSO ——

[...] Em meu ponto de vista, a questão esta noite é "A Revolta Negra e A Partir Daqui Para Onde Vamos?" ou "O Que Fazer a Seguir?". Em minha humilde maneira de pensar, isso aponta para o voto ou a bala.

[...]

[...] Neste país todos nós sofremos opressão política nas mãos dos brancos, exploração econômica nas mãos dos brancos e degradação social nas mãos dos brancos.

Agora, ao falar assim, isso não significa que nós somos contra os brancos, e sim contra a exploração, contra a degradação, contra a opressão. E se os brancos não querem que fiquemos contra eles, que eles parem de nos oprimir, explorar e degradar [...]

Se não fizermos logo algo para valer, acho que vocês hão de concordar que seremos obrigados a usar o voto ou a bala. É um ou a outra em 1964. Não é que o tempo esteja correndo – o tempo acabou!

[...]

Eu não sou político nem sequer estudante de política; na realidade, eu não sou um estudioso de quase nada. Eu não sou democrata, não sou republicano e nem me considero americano. Se vocês e eu fôssemos americanos não haveria problema. Esses branquelos que mal desceram do barco já são americanos; poloneses já são americanos; os refugiados italianos já são americanos. Tudo que veio da Europa, tudo que tem olhos azuis, já é americano. E por mais tempo que vocês e eu estejamos aqui, ainda não somos americanos.

A seguir, há uma longa explanação sobre o estado atual da política americana. Malcolm X diz que votos negros foram desperdiçados, permitindo que democratas segregacionistas sulistas, ou "dixiecratas*", bloqueassem a legislação dos direitos civis. Devidamente coordenado, diz ele, o voto negro poderia ser uma arma poderosa. Por fim, ele chega a esta conclusão:

Afirmo mais uma vez que não sou antidemocrata, não sou antirrepublicano nem contra coisa alguma. Estou apenas questionando a sinceridade deles e certas estratégias que eles usam para com nosso povo lhe fazendo promessas que não

---

* O termo *dixiecrat* designava antigamente nos Estados Unidos o Partido Democrata para o Direito dos Estados (States' Rights Democratic Party – SRDP), mas continua a ser empregado para designar os membros da linha conservadora e da região Sul dos Estados Unidos. (N.E.)

pretendem cumprir. Ao manter os democratas no poder, vocês estão mantendo os dixiecratas no poder. Duvido que meu bom Irmão Lomax negue isso. Um voto para um democrata é um voto para um dixiecrata. Por isso, em 1964, é chegada a hora de vocês e eu nos tornarmos mais maduros politicamente e percebermos para que serve o voto; o que devemos obter quando depositamos um voto; e que, se não votarmos, vai ocorrer uma situação na qual vamos ter de disparar uma bala. É um voto ou uma bala.

—— AS CONSEQUÊNCIAS ——

O estilo simples de Malcolm X diferia completamente da oratória bombástica de Martin Luther King Jr. No entanto, o discurso calou fundo em sua plateia oprimida e privada de direitos civis.

Se o discurso foi benéfico para a causa dos direitos civis é outra questão. Ao falar em "balas", Malcolm X não fomentou a confiança entre as raças, porém a fala agressiva pode ter tido um benefício oculto. Ao que consta, o próprio Malcolm X disse: "Se os brancos perceberem qual é a alternativa, talvez fiquem mais dispostos a escutar o dr. King".

Em 1965, a Lei sobre o Direito ao Voto acabou com a privação de todos os direitos civis dos afro-americanos. O voto, não a bala, seria a arma preferida durante a luta em curso pela igualdade. Malcolm X, porém, não estava vivo para ver isto. Assim como Martin Luther King Jr., ele foi assassinado com um tiro no peito em 1965, por membros vingativos de sua antiga organização, a Nação do Islã.

Outros Episódios Notáveis

Um discurso brilhante pode ser surpreendentemente poderoso, mas às vezes as palavras falham. Um homem que entendeu isso perfeitamente foi o chanceler alemão Willy Brandt que, em 1970, viajou à Polônia, para comparecer a uma cerimônia em memória das vítimas do Gueto de Varsóvia.

Milhares de judeus foram mortos nesse país pelos nazistas. "Em nenhum outro lugar", conforme Brandt relembrou posteriormente, "um povo sofreu tanto quanto na Polônia. O aniquilamento do gueto judeu representou o cúmulo da crueldade que ninguém acreditava ser possível."

Porém, na hora da cerimônia, Brandt não conseguia achar as palavras certas. Então, em silêncio absoluto, ficou de joelhos e abaixou a cabeça. Seu ato de penitência abriu caminho para a dolorosa reconciliação.

1977
CARTA AOS BRASILEIROS

GOFFREDO TELLES JR.
(1915-2009)

A *Carta aos Brasileiros* foi um evento de excepcional importância histórica e que, ademais, se singularizou pelo seu oportuno caráter coletivo. A manifestação ocorreu no momento mais tenso e turvo da ditadura militar, envolvendo simultaneamente um ato de coragem e uma tomada de posição unificadora da oposição democrática ao regime.

A percepção de que uma oportunidade particularmente fortuita se oferecia para catalisar os sentimentos oposicionistas ocorreu a um grupo de membros da Ordem dos Advogados do Brasil (OAB), quando se aproximava a data de celebração dos 150 anos da fundação dos primeiros cursos jurídicos no Brasil, em referência à criação das Faculdades de Direito de São Paulo e do Recife, originalmente em 1827. Esses advogados já acumulavam uma ampla experiência de lutas pelas liberdades civis e pelos direitos humanos, dedicando suas carreiras a defender vítimas das perseguições e brutalidades do regime, assim como a pregar o retorno à ordem constitucional.

O grupo original, reunido na OAB, era constituído por Almino Affonso, recém-chegado de longo exílio, Flávio Bierrenbach e José Carlos Dias. Eles levaram o embrião da ideia ao prestigioso mestre Goffredo Telles Jr., catedrático da Faculdade de Direito do Largo de São Francisco (FDLSF), que aceitou escrever um manifesto demandando o imediato retorno das instituições democráticas ao país. O professor Goffredo fez um esboço e propôs que ele fosse lido, discutido e reformulado por um corpo maior de professores da FDLSF e de advogados da OAB. O então presidente da OAB, Raymundo Faoro, figura proeminente da sociedade civil e um dos mais destacados críticos do regime, avalizou a Carta, abstendo-se porém de assiná-la, para garantir que ela representasse o coletivo da *OAB* e não a sua presidência.

No dia marcado para a leitura do documento, 8 de agosto de 1977, a tensão era enorme. Corriam ameaças de que os militares iriam invadir a faculdade, prender estudantes e professores e enviar os signatários para os centros de detenção onde se praticavam as violências do regime. Um grupo de professores e advogados foi buscar o professor Goffredo em sua casa e o trouxe sob sua proteção. Quando chegaram, encontraram a FDLSF tomada por uma vasta multidão de estudantes, não apenas daquela faculdade, mas de todos os cursos da Universidade de São Paulo e de outras instituições. Todos já tinham uma cópia do texto nas mãos. Quando o professor Goffredo iniciou a leitura, a cada parágrafo lido, a multidão repetia o manifesto num uníssono ensurdecedor. O ato deixava claro que aquela não era a manifestação de uma pessoa, nem de nenhuma instituição em particular, mas de todos os brasileiros.

── O DISCURSO ──

Goffredo Telles Júnior, Carta aos Brasileiros, *leitura coletiva no Pátio das Arcadas da Faculdade de Direito do Largo de São Francisco, Universidade de São Paulo, 8 de agosto de 1977.*

Das Arcadas do Largo de São Francisco, do Território Livre da Academia de Direito de São Paulo, dirigimos, a todos os brasileiros esta Mensagem de Aniversário, que é a Proclamação de Princípios de nossas convicções políticas.

Na qualidade de herdeiros do patrimônio recebido de nossos maiores, ao ensejo do Sesquicentenário dos Cursos Jurídicos no Brasil, queremos dar o testemunho, para as gerações futuras, de que os ideais do Estado de Direito, apesar da conjuntura da hora presente, vivem e atuam, hoje como ontem, no espírito vigilante da nacionalidade.

Queremos dizer, sobretudo aos moços, que nós aqui estamos e aqui permanecemos, decididos, como sempre, a lutar pelos Direitos Humanos, contra a opressão de todas as ditaduras.

Nossa fidelidade de hoje aos princípios basilares da Democracia é a mesma que sempre existiu à sombra das Arcadas: fidelidade indefectível e operante, que escreveu as Páginas da Liberdade, na História do Brasil.

[...] O que dá sentido ao desenvolvimento nacional, o que confere legitimidade às reformas sociais, o que dá autenticidade às renovações do Direito são as livres manifestações do Povo, em seus órgãos de classe, nos diversos ambientes da vida.

Quem deve propulsionar o desenvolvimento é o Povo organizado, mas livre, porque ele é que tem competência, mais do que ninguém, para defender seus interesses e seus direitos.

Sustentamos que uma Nação desenvolvida é uma Nação que pode manifestar e fazer sentir a sua vontade. É uma Nação com organização popular, com sindicatos autônomos, com centros de debate, com partidos autênticos, com veículos de livre informação. É uma Nação em que o Povo escolhe seus dirigentes e tem meios de introduzir sua vontade nas deliberações governamentais. É uma Nação em que se acham abertos os amplos e francos canais de comunicação entre a Sociedade Civil e o Governo.

Nos Estados de Fato, esses canais são cortados. Os Governos se encerram em Sistemas fechados, nos quais se instalam os donos do Poder. Esses donos do Poder não são, em verdade, donos do Poder Legítimo: são donos da Força. O que chamam de Poder não é o Poder oriundo do Povo.

A órbita da política não vai além da área palaciana, reduto aureolado de mistério, hermeticamente trancado para a Sociedade Civil.

Nos Estados de Fato, a Sociedade Civil é banida da vida política da Nação. Pelos chefes do Sistema, a Sociedade Civil é tratada como um confuso conglomerado de ineptos, sem discernimento e sem critério, aventureiros e aproveitadores, incapazes para a vida pública, destituídos de senso moral e de idealismo cívico. Uma multidão de ovelhas negras, que precisa ser continuamente contida e sempre tangida pela inteligência soberana do sábio tutor da Nação.

Nesses Estados, o Poder Executivo, por meio de atos arbitrários, declara a incapacidade da Sociedade Civil e decreta a sua interdição.

Proclamamos a ilegitimidade de todo sistema político em que fendas ou abismos se abrem entre a Sociedade Civil e o Governo.

Chamamos de Ditadura o regime em que o Governo está separado da Sociedade Civil. Ditadura é o regime em que a Sociedade Civil não elege seus Governantes e não participa do Governo. Ditadura é o regime em que o Governo governa sem o Povo. Ditadura é o regime em que o Poder não vem do Povo. Ditadura é o regime que castiga seus adversários e proíbe a contestação das razões em que ela se procura fundar.

Ditadura é o regime que governa para nós, mas sem nós.

Como cultores da Ciência do Direito e do Estado, nós nos recusamos, de uma vez por todas, a aceitar a falsificação dos conceitos. Para nós a Ditadura se chama Ditadura, e a Democracia se chama Democracia.

Os governantes que dão o nome de Democracia à Ditadura nunca nos enganaram e não nos enganarão. Nós saberemos que eles estarão atirando, sobre os ombros do povo, um manto de irrisão.

Fiquemos apenas com o essencial.

O que queremos é ordem. Somos contrários a qualquer tipo de subversão. Mas a ordem que queremos é a ordem do Estado de Direito.

A consciência jurídica do Brasil quer uma cousa só: o Estado de Direito, já.

—— AS CONSEQUÊNCIAS ——

Três dias após a leitura pública da Carta aos Brasileiros, no dia 11 de agosto, ocorreram as comemorações oficiais dos 150 anos da fundação dos cursos jurídicos na FDLSF, com a presença de altas autoridades do estado e do governo federal. A massa estudantil presente ao evento, depois de vaiar as autoridades representantes do regime militar, saiu em passeata pelas ruas do centro da cidade, cantando canções contra a ditadura e gritando como slogan a expressão que resumia o teor reivindicatório da Carta: "*Estado de direito, já!*" O gesto estremeceu a atmosfera de silêncio e intimidação que imperava desde o Ato Institucional-5 (AI-5), rompendo com quase uma década em que haviam sido suprimidas as manifestações políticas na área urbana. A Carta inspirou a reconquista do espaço público pelos cidadãos.

Afora os acalorados debates que provocou na Câmara e no Senado, o documento teve também uma repercussão inflamada na imprensa. Intimidados, o rádio e a televisão, mais diretamente controlados pelo regime, foram discretos na cobertura dos eventos, mas alguns órgãos da grande imprensa perceberam que brotava o momento da virada e destacaram em grandes manchetes a Carta, seu conteúdo e as reações em cadeia que estava deflagrando ao liberar energias e catalisar o ânimo da luta pela redemocratização. O *Jornal do Brasil* e *O Estado de São Paulo*, além das manchetes deram o documento na íntegra. A *Folha de São Paulo* publicou uma entrevista com o professor Goffredo Telles Jr., aberta com a frase lapidar: "Está rompido o círculo do medo". O semanário humorístico carioca *O Pasquim* publicou "A Resposta dos Brasileiros à Carta", mas a edição foi toda censurada e embargada pelo governo.

As truculências do regime se exacerbaram ante a retomada do vigor oposicionista, culminando com a invasão da Pontifícia Universidade Católica em setembro de 1977, com centenas de estudantes agredidos e presos. Mas o caminho era sem volta. Em outubro o general presidente Ernesto Geisel exonera o então ministro da Guerra, general Sílvio Frota, líder da linha-dura militar e na sequência revoga o AI-5. Abriam-se assim as comportas para a anistia, o retorno dos exilados, as greves do Sindicato dos Metalúrgicos do ABC e o processo de abertura do regime. O movimento decisivo e final através do qual a oposição democrática reconduziu o país ao Estado de Direito era um eco límpido da Carta, exigindo eleições *"Diretas, já!"*.

1980
A Dama Não Dá Voltas

MARGARET THATCHER
(1925-)

Na eleição geral britânica de 1979, a filha de um dono de quitanda de Lincolnshire entrou para a história ao se tornar a primeira mulher primeira-ministra da Grã-Bretanha.

Seu nome era Margaret Thatcher, a qual representava uma nova espécie de líder político conservador. Ao contrário de muitos de seus antecessores, tinha origem humilde, tendo crescido em um apartamento acima da quitanda de sua família. A criação recebida lhe infundiu um respeito inquebrantável pelo que se pode chamar de valores "burgueses": autoconfiança, patriotismo e empreendedorismo.

Mas, quando Thatcher assumiu o poder após a crise financeira da década de 1970, essas qualidades pareciam raras. A Grã-Bretanha, privada de suas colônias, abalada pela recessão e amargando inflação alta, era uma nação em declínio – uma antiga potência imperial se ajustando dolorosamente a seu status reduzido na nova ordem mundial.

Para reverter essa queda, Thatcher impôs uma série de medidas fiscais austeras, a fim de reduzir a inflação. Isso, porém, causou um aumento no desemprego e na insatisfação popular, o que levou a uma ampla especulação da mídia sobre uma possível "mudança de planos". Como era de seu feitio, na conferência do Partido Conservador em 1980, Thatcher aproveitou a oportunidade para se confrontar diretamente com os céticos a respeito de sua linha de ação.

—— O DISCURSO ——

[...]

Dizem às vezes que, devido ao nosso passado, nós, como um povo, temos expectativas em demasia e aspirações muito altas. Eu não vejo as coisas dessa maneira. Ao contrário, me parece que, no decorrer da minha vida na política, nossas ambições vêm diminuindo constantemente. Nossa reação à decepção não tem sido dar passadas mais largas, mas encurtar a distância a ser percorrida. Mas, com confiança em nós mesmos e em nosso futuro, poderíamos ser uma grande nação!

[...]

Thatcher agora cita algumas realizações econômicas de seu partido. E então prossegue:

Mas tudo isso nos será de pouca valia, a menos que atinjamos nosso principal objetivo econômico – a derrota da inflação. Por certo, a inflação destrói nações e sociedades tanto quanto exércitos invasores o fazem. A inflação é a matriz do desemprego. É o ladrão invisível daqueles que amealham economias.

[...]

[...] algumas pessoas falam como se o controle da massa monetária [*para combater a inflação*] fosse um plano de ação revolucionário. Contudo, ele foi uma condição essencial para a recuperação de boa parte da Europa continental.

Esses países sabiam o que era necessário para a estabilidade econômica, pois anteriormente haviam convivido com uma inflação galopante [...]

Hoje, após muitos anos de autodisciplina monetária, eles têm uma economia estável, próspera e mais capacitada do que a nossa para resistir aos golpes da recessão mundial.

[...]

Líderes europeus perguntam: "A Grã-Bretanha tem a coragem e a determinação para manter a disciplina por tempo suficiente a fim de obter êxito?"

Sim, sr. presidente, nós temos e devemos ter. Este governo está determinado a manter esse plano de ação enquanto for preciso, até sua conclusão. É isso que marca esta administração como uma das verdadeiramente radicais da Grã-Bretanha no pós-guerra. A inflação está caindo e deverá continuar caindo.

Nesse ínterim, nós não ignoramos as privações e preocupações que acompanham a luta contra a inflação. Entre elas se destaca o desemprego. Hoje, nosso país tem mais de 2 milhões de desempregados. Pode-se tentar suavizar esse número de diversas maneiras [...] Mas, quando tais manobras se esgotam, resta o fato de que o nível atual de desemprego em nosso país é uma tragédia humana [...] O desperdício dos bens mais preciosos de um país – o talento e a energia de seu povo – faz que o dever indiscutível do governo seja buscar uma cura real e duradoura.

[...]

Se gastar dinheiro a rodo fosse a resposta aos problemas do nosso país, não teríamos problemas agora. Se houve uma nação que gastou ilimitadamente por muito tempo, foi a nossa. Hoje esse sonho acabou. Todo esse dinheiro nos levou a parte alguma, mas ele ainda tem de vir de algum lugar. Aqueles que nos pressionam para relaxar o controle, para gastar ainda mais dinheiro indiscriminadamente na crença de que isso ajudará os desempregados e todos os pequenos empresários, não estão sendo bondosos, piedosos ou zelosos.

[...]

Se nosso povo sente que é parte de uma grande nação e está preparado para decidir os meios de mantê-la grande, então seremos e continuaremos sendo uma grande nação. Então, o que pode nos impedir de conseguir isso? O que se interpõe em nosso caminho? A perspectiva de outro inverno da desesperança?* Eu suponho que sim.

Mas prefiro acreditar que certas lições foram aprendidas com a experiência e que nós estamos chegando lenta e dolorosamente a um outono do entendimento. E espero que ele seja seguido por um inverno do bom-senso. Mesmo que isso não ocorra, não devemos nos desviar da nossa rota.

Para aqueles aguardando com o fôlego suspenso por aquela expressão favorita da mídia, a meia-volta, só tenho uma coisa a dizer. "Se vocês querem dar meia-volta, que deem. A dama não dá voltas."

[...]

---

* Referência à primeira frase da peça Ricardo III, Ato I, cena 1, de Shakespeare: "E agora temos o inverno da nossa desesperança". (N.R.)

[...] Portanto, vamos resistir às lisonjas dos pusilânimes; vamos ignorar os berros e as ameaças dos extremistas; vamos permanecer juntos e fazer nosso dever, e não fracassaremos.

Excertos reproduzidos com a permissão de www.margaretthatcher.org, o website da Fundação Margaret Thatcher, onde se encontra o texto na íntegra.

—— AS CONSEQUÊNCIAS ——

Até hoje, mais de 20 anos após ter deixado o poder, Margaret Thatcher continua sendo a figura mais polêmica que ocupou o cargo de primeiro-ministro da história britânica. Para seus apoiadores, ela era uma visionária que tentou deter sozinha a queda da Grã-Bretanha na mediocridade. Para os críticos, era uma ideóloga fria, que arruinou o núcleo industrial da Grã-Bretanha e impôs uma nova ordem social na qual a ganância era o fator preponderante.

A Grã-Bretanha superou o desemprego em massa tendo um boom econômico na década de 1980, porém entrou em colapso novamente em 1991. Ainda há muita controvérsia sobre o quanto os planos de ação de Thatcher foram responsáveis pelo boom ou pelo fracasso.

Seja como for, seu legado econômico deixou uma marca indelével na história britânica, e as indústrias estatizadas e os mercados altamente regulados da década de 1970 deram lugar à moderna sociedade capitalista atual.

1987
DERRUBE ESSE MURO!

PRESIDENTE RONALD REAGAN
(1911-2004)

Em 1937, os estúdios da Warner Brothers na Califórnia fizeram um teste cinematográfico com um belo rapaz chamado Ronald Reagan. O teste foi um sucesso, e entre o fim da década de 1930 e meados dos anos 1960, Reagan estrelou diversos filmes de êxito modesto produzidos por Hollywood. Posteriormente, ele mesmo se descreveu como o "Errol Flynn dos filmes B".

Embora nunca tenha sido brilhante, sua carreira de ator serviu como uma preparação excelente para sua futura carreira no palco maior da política global. Eleito governador da Califórnia em 1967, Reagan reciclava com frequência falas de seus personagens cinematográficos nos discursos políticos.

Quando se tornou presidente em 1980, Reagan assumiu o papel principal em um dos maiores dramas do século XX: o declínio definitivo da União Soviética. Um momento de clímax se deu em 1987 em Berlim – a cidade dividida entre o Oriente comunista e o Ocidente capitalista pelo infame Muro de Berlim.

Novas políticas soviéticas de abertura e liberdade criaram a esperança de que o regime comunista finalmente pudesse relaxar seu punho de ferro. Diante de uma multidão de milhares de alemães-ocidentais, e sabendo que seu discurso estava sendo acompanhado no Oriente, Reagan lançou um grande desafio ao líder soviético, Mikhail Gorbachev.

—— O DISCURSO ——

[...]

Nossa reunião hoje está sendo transmitida em toda a Europa ocidental e na América do Norte. E soube que também está sendo vista e ouvida no Oriente. Àqueles que nos ouvem no Leste Europeu, envio saudações calorosas e a boa vontade do povo americano. Para aqueles que nos ouvem em Berlim Oriental, uma mensagem especial: embora não possa estar com vocês, dirijo-lhes meus comentários, assim como àqueles que estão aqui diante de mim. Pois eu me uno a vocês, assim como aos caros companheiros no Ocidente, nesta crença firme e inalterável: Es gibt nur ein Berlin. [*Há somente uma Berlim.*]

Atrás de mim há um muro que cerca os setores livres desta cidade, o qual é parte de um amplo sistema de barreiras que divide o continente inteiro da Europa. Desde o Báltico no sul, essas barreiras atravessam a Alemanha com um talho de arame farpado, concreto, cães em alerta e torres de vigia [...] uma restrição ao direito de locomoção [...] um instrumento para impor a homens e mulheres comuns a vontade de um Estado totalitário.

É aqui em Berlim que o muro emerge mais claramente cortando toda a cidade. Essa divisão brutal de um continente ficou gravada, por meio de fotos nos jornais e de telas de televisão, na memória mundial. Diante do Portão de Brandemburgo, todo homem é um alemão separado de seus semelhantes. Todo homem é um berlinense obrigado a refletir sobre uma cicatriz.

[...] Mas eu não vim aqui para lamentar, pois encontro em Berlim uma mensagem de esperança, mesmo à sombra desse muro, uma mensagem de triunfo.

[...]

Na Alemanha Ocidental e aqui em Berlim houve um milagre econômico [...]

Onde há quatro décadas havia escombros, hoje em Berlim Ocidental se encontra a maior potência industrial de toda a Alemanha [...]

Onde a cultura da cidade parecia destruída, hoje há duas grandes universidades, orquestras e uma ópera, numerosos teatros e museus.

Onde havia carência, hoje há abundância – alimentos, roupas, automóveis –, os produtos maravilhosos da Ku'damm.* Da devastação, da ruína absoluta, vocês, berlinenses em liberdade, reconstruíram uma cidade que mais uma vez está entre as mais formidáveis da Terra [...]

Na década de 1950, Khruschev previu: "Nós vamos enterrá-los". Mas hoje, no Ocidente, vemos um mundo livre que atingiu um nível de prosperidade e bem-estar sem precedentes em toda a história da humanidade.

No mundo comunista, nós vemos fracasso, atraso tecnológico, declínio dos padrões de saúde e até carência do tipo mais básico – a escassez alimentar. Até hoje a União Soviética não tem autonomia alimentar. Assim, após essas quatro décadas, o mundo inteiro depara com uma grande conclusão óbvia: a liberdade leva à prosperidade. A liberdade ocupa o lugar de antigas inimizades entre as nações com civilidade e paz. A liberdade é a vencedora.

Agora os próprios soviéticos podem, de forma limitada, começar a entender a importância da liberdade. Temos notícias de Moscou a respeito de uma nova linha política de reforma e abertura. Alguns presos políticos foram soltos. A transmissão de alguns noticiários estrangeiros não é mais obstruída. Alguns empreendimentos econômicos obtiveram permissão para operar com mais liberdade do

---

* Ku'damm, abreviatura de Kurfurstendamm, rua do centro comercial de Berlim. (N. da R.)

controle estatal. Será que tudo isso representa o início de mudanças profundas no Estado soviético?

Ou são gestos apenas simbólicos com o intuito de criar falsas esperanças no Ocidente ou de fortalecer o sistema soviético sem modificá-lo? Nós damos as boas-vindas à mudança e à abertura, pois acreditamos que a liberdade e a segurança são indissociáveis, que o avanço da liberdade humana só pode fortalecer a causa da paz mundial.

Os soviéticos poderiam dar um sinal que seria inconfundível e traria um enorme progresso à causa da liberdade e da paz. Secretário-geral Gorbachev, se você busca a paz, se você busca a prosperidade para a União Soviética e o Leste Europeu, se você busca a liberalização: venha aqui neste portão! Sr. Gorbachev, abra este portão! Sr. Gorbachev, derrube esse muro!

[...]

Agora há pouco, enquanto eu olhava o Reichstag, a corporificação da unidade alemã, notei palavras toscamente pintadas com spray no muro, talvez por um jovem berlinense, "Este muro vai ruir. Crenças se tornam realidade". Sim, por toda a Europa este muro vai cair, pois ele não pode resistir à fé nem à verdade. O muro não pode resistir à liberdade.

[...]

Obrigado e Deus os abençoe.

—— AS CONSEQUÊNCIAS ——

O Muro de Berlim dividia Berlim Ocidental e Berlim Oriental desde 1961. Milhares de berlinenses orientais, desesperados para fugir em busca de uma vida melhor no Ocidente, cruzaram o muro – alguns através de túneis, outros saltando de janelas de prédios residenciais ou até com a ajuda de pequenos aviões ou balões de ar quente.

Centenas morreram durante essas tentativas. No caso mais notório, em 1962 um rapaz de dezoito anos estava a poucos metros da fronteira com a Alemanha Ocidental. Impossibilitados de ajudá-lo, os guardas da fronteira ocidental assistiram horrorizados ele sangrar até a morte devido a seus ferimentos.

Mas, em 1989, dois anos após o discurso dramático de Reagan, uma onda de protestos populares na Alemanha Oriental derrubou o muro tão odiado. Os alemães orientais abriram as passagens na fronteira de Berlim e, em questão de dias, enxames de pessoas comuns, armadas com picaretas e martelos, destroçaram grande parte do muro.

Simbolicamente, isso marcou o fim do domínio comunista na Europa oriental. Assim como o muro, regimes apoiados pelos soviéticos em toda a região se esfacelaram. A Cortina de Ferro, que separava o continente havia mais de quatro décadas, finalmente caiu.

Outros Episódios Notáveis

Bucareste, 1989. Nicolae Ceausescu, o odiado ditador romeno, estava condenando um levante na cidade de Timisoara que ocorrera em dezembro desse ano, durante um comício no qual exibia sua arrogância usual.

O comício estava sendo transmitido ao vivo, diante de uma multidão que fora obrigada a comparecer. Mas, para seu espanto, a atmosfera logo começou a mudar. Subitamente, toda a multidão podia ser claramente ouvida na transmissão ao vivo, bradando seu *apoio* aos manifestantes de Timisoara.

Confrontado por essa insurreição popular inédita, Ceausescu gelou e, embora os censores interrompessem rapidamente a transmissão, o estrago estava feito. No dia seguinte, encorajado por sua fraqueza, o povo invadiu o palácio e derrubou seu regime.

1990
A Libertação do Medo

AUNG SAN SUU KYI

(1945-)

Nascida em Rangum, em Mianmar, Aung San Suu Kyi foi criada por sua mãe, após seu pai ser assassinado por adversários políticos em 1947. Desde a infância, viveu cercada por pessoas de variadas formações, religiões e crenças políticas, e sua própria mãe era figura de destaque no recém-formado governo birmanês. Com consciência política e educada em Nova Délhi e Oxford, ela chegou a trabalhar na ONU em Nova York.

Suu Kyi voltou a Mianmar em 1988, para cuidar de sua mãe enferma, mas logo se envolveu no movimento pela democracia no país. Em 8 de agosto desse ano, uma manifestação maciça em prol da democracia foi violentamente esmagada e uma nova junta militar tomou o poder. Em resposta, Suu Kyi e alguns camaradas formaram a National League for Democracy (NLD)*, o que fez que fossem postos em prisão domiciliar em 20 de julho de 1989.

---

* Em português, Liga Nacional pela Democracia.

Em 1990, diante da grande pressão interna e internacional, a ditadura foi obrigada a convocar uma eleição geral. A NLD ganhou 80% dos assentos parlamentares, um resultado que os generais no poder se recusaram a reconhecer.

No mesmo ano, Suu Kyi ganhou o Prêmio Sakharov de Liberdade de Expressão e, em 1991, o Prêmio Nobel da Paz. O seguinte discurso foi feito em 1990, ao receber o primeiro prêmio.

—— O DISCURSO ——

Não é o poder que corrompe, e sim o medo. O medo de perder o poder corrompe aqueles que o exercem e o medo do flagelo do poder corrompe aqueles que estão sujeitos a ele [...] Com essa relação tão estreita entre medo e corrupção, não surpreende que, em qualquer sociedade dominada pelo medo, a corrupção em todas as suas formas se torne profundamente arraigada.

[...]

O esforço necessário para se manter incorruptível em um ambiente no qual o medo é parte integral da existência cotidiana não é imediatamente aparente para aqueles afortunados que vivem em países governados pelo Estado de Direito. As leis não só impedem a corrupção ao impor punições imparciais aos infratores, como também ajudam a criar uma sociedade na qual as pessoas podem satisfazer os requisitos básicos para a preservação da dignidade humana, sem recorrer a práticas corruptas. Onde não há essas leis, o ônus de preservar os princípios da justiça e da decência geral recai sobre as pessoas comuns. É o efeito cumulativo de seu esforço constante e resistência firme que mudará uma nação onde a razão e a consciência estão vergadas pelo medo em uma na qual existam regras legais para promover o desejo humano por harmonia e justiça, enquanto se coíbem os traços menos desejáveis de seu caráter.

[...]

Em geral, a fonte de coragem e resistência diante do poder desenfreado é uma crença firme na inviolabilidade de princípios éticos, aliada a um senso histórico de que, apesar de todos os reveses, a condição do homem se baseia em uma trajetória reta pelo progresso material e espiritual. O que distingue o homem de um ser bruto é sua capacidade de se aperfeiçoar e se redimir. Na raiz da responsabilidade humana está o conceito de perfeição, o ímpeto de atingi-la, a inteligência para achar um caminho até ela e a vontade de seguir esse caminho, senão até o fim, pelo menos até o ponto necessário para se erguer acima das limitações individuais e dos obstáculos ambientais. É a visão do homem de um mundo talhado para a humanidade racional e civilizada que o leva a ousar e a sofrer para construir sociedades livres da carência e do medo. Conceitos como verdade, justiça e compaixão não podem ser tidos como banais quando são, com frequência, os únicos anteparos contra o poder cruel.

AS CONSEQUÊNCIAS

Desde que fez este discurso, Aung San Suu Kyi tem sido detida e libertada intermitentemente e proibida de receber visitas de sua família. Buscando forças em sua fé budista, ela continua engajada como sempre em sua causa. Milhares de presos políticos birmaneses se inspiram em suas palavras e, embora a campanha para libertar todos os ativistas pela democracia continue, a pressão internacional vem resultando em diferentes graus de liberdade para muitos.

Ao receber uma permissão temporária para viajar em 2003, ela foi alvo de uma tentativa de assassinato, quando membros da Union Solidarity and Development Association (USDA)*, formada pela junta militar, atacaram brutalmente um comboio de veículos. Suu Kyi escapou viva, no entanto mais de cinquenta de seus companheiros da NLD foram espancados até a morte no chamado Massacre de Depayin. Suu Kyi foi novamente posta em prisão domiciliar.

Ao longo de 2009, visitas diplomáticas enviadas pelos Estados Unidos, assim como a pressão exercida por vários governos e organizações internacionais, forçaram o governo birmanês a considerar a soltura de todos os seus presos políticos. Uma sentença judicial em agosto fixou uma data limite para o confinamento de Suu Kyi.

Na noite de 13 de novembro de 2010, Aung San Suu Kyi foi libertada da prisão domiciliar. Milhares de seus apoiadores se reuniram diante de sua casa em Rangum para testemunhar a retirada das barricadas. Muitos usavam camisetas com o slogan "Nós apoiamos Aung San Suu Kyi". Suu Kyi ficou detida por quinze dos últimos 21 anos.

---

* Em português, Associação de Desenvolvimento, Solidariedade e União.

1994
QUE REINE A LIBERDADE

NELSON MANDELA

(1918-)

F ilho de um chefe tribal e criado em uma pequena aldeia na província do Cabo Oriental na África do Sul, Nelson Mandela resistiu a anos de opressão, tornando-se o primeiro presidente negro do país e um dos estadistas mais respeitados da atualidade.

Em 1943, ingressou no African Nacional Congress (ANC)*, então com cerca de trinta anos de existência e cujo objetivo era protestar contra as injustiças do regime do *apartheid,* que oprimia a maioria negra do país com uma série de rígidas leis segregacionistas.

Mandela logo se tornou um ativista de renome no movimento. Em 1960, após 69 manifestantes serem mortos por policiais brancos no Massacre de Sharpeville, Mandela e o ANC partiram para uma campanha de sabotagem econômica usando bombas para destruir linhas de transmissão de força e escritórios do governo, porém tomando precauções para evitar mortes.

---

* Em português, Congresso Nacional Africano.

A campanha não durou muito. Em 1963 ele foi detido e condenado a cinco anos de prisão por deixar o país ilegalmente. Enquanto estava na prisão, foi julgado por sabotagem e, durante o julgamento, declarou desafiadoramente que a liberdade era "um ideal pelo qual estou disposto a morrer". Ele recebeu pena perpétua.

No fim das contas, não foi preciso ele morrer para recuperar a liberdade. Em 1990, sob crescente pressão internacional, o governo sul-africano libertou Mandela da prisão onde sofreu por 27 anos. Em maio de 1994, ele foi eleito presidente de uma nova África do Sul livre. Este foi seu discurso de posse.

—— O DISCURSO ——

Vossas Majestades, Vossas Altezas Reais, distintos convidados, camaradas e amigos,

Hoje, todos nós, com nossa presença aqui e com nossas comemorações em outras partes do nosso país e do mundo, concedemos glória e esperança à liberdade recém-nascida.

A partir da experiência de um extraordinário desastre humano que durou demasiado tempo deve nascer uma sociedade da qual toda a humanidade terá orgulho.

Nossas ações cotidianas, como sul-africanos comuns, devem produzir de fato uma realidade sul-africana que reforçará a crença da humanidade na justiça, fortalecerá sua confiança na nobreza da alma humana e confirmará todas as nossas esperanças por uma vida gloriosa para todos. Devemos tudo isso a nós mesmos e aos povos do mundo que hoje estão aqui tão bem representados.

Aos meus compatriotas, não hesito em dizer que cada um de nós está intimamente ligado ao solo deste belo país, assim como os famosos jacarandás de Pretória e as mimosas do *bushveld*. Toda vez que um de nós toca o solo desta terra surge uma sensação de renovação pessoal. O estado de espírito nacional muda conforme a mudança das estações. Somos movidos por uma sensação de alegria e animação quando o capim fica verde e as flores desabrocham.

Essa identidade espiritual e física que compartilhamos com nossa pátria explica a profundidade da dor que todos nós carregamos no coração quando vimos nosso país se desmantelar em um terrível conflito e o temos visto desprezado, proscrito e isolado pelos povos do mundo, justamente por ter se tornado a base universal da ideologia e da prática perniciosa do racismo e da opressão racial.

Nós, o povo da África do Sul, estamos realizados ao ver que a humanidade nos acolheu de volta em seu seio, que nós, que éramos proscritos até pouco tempo atrás, hoje temos o raro privilégio de receber as nações do mundo em nosso próprio solo. Nós agradecemos a todos os nossos distintos convidados internacionais por terem vindo tomar posse com o povo do nosso país do que é, afinal de contas, uma vitória em comum pela justiça, pela paz e pela dignidade humana.

Esperamos que vocês continuem ao nosso lado enquanto enfrentamos os desafios de consolidar a paz, a prosperidade, o não sexismo, o não racismo e a democracia [...]

É chegado o momento de curar as feridas.

É chegado o momento de transpor os abismos que nos separam.

Cabe a nós o momento da reconstrução.

Alcançamos, por fim, nossa emancipação política. Comprometemo-nos a libertar todo o nosso povo da prolongada servidão da pobreza, da privação, do sofrimento e da discriminação devido ao gênero e em suas demais formas.

Nós conseguimos dar nossos passos finais para a liberdade em condições relativas de paz. Vamos nos empenhar na construção de uma paz completa, justa e duradoura. Nós triunfamos no esforço para infundir esperança no coração dos nossos milhões de cidadãos. Firmamos um acordo de que iremos construir a sociedade na qual todos os sul-africanos, tanto negros quanto brancos, poderão andar com altivez, sem qualquer temor no coração, seguros de seu direito inalienável à dignidade humana – uma nação arco-íris em paz consigo mesma e com o mundo [...]

Nós dedicamos este dia a todos os heróis e heroínas deste país e do resto do mundo que se sacrificaram de muitas maneiras e renunciaram à sua vida para que pudéssemos ser livres. Seus sonhos se tornaram realidade. A liberdade é sua recompensa.

Sinto-me ao mesmo tempo humilde e orgulhoso pela honra e pelo privilégio que vocês, povo da África do Sul, me concederam, como o primeiro presidente de uma África do Sul unida, democrática, não racista e não sexista, para tirar nosso país do vale da escuridão.

Entendemos, porém, que não há caminho fácil para a liberdade. Sabemos bem que nenhum de nós sozinho pode alcançar o êxito. Portanto, devemos agir juntos como um povo unido pela reconciliação nacional, pela construção da nação e pelo nascimento de um novo mundo.

Que haja justiça para todos. Que haja paz para todos. Que haja trabalho, pao, água e sal para todos. Que todos saibam que o corpo, a mente e a alma de cada um de nós estão livres para se realizar.

Nunca mais esta linda terra deverá vivenciar novamente a opressão de um pelo outro e sofrer a indignidade de ser o rebotalho do mundo. O sol jamais deixará de brilhar para um empreendimento humano tão glorioso.

Que reine a liberdade. Deus abençoe a África.

—— AS CONSEQUÊNCIAS ——

Defensores do *apartheid* argumentaram por muito tempo que se os sul-africanos negros ganhassem o direito ao voto seria "um homem, um voto, uma vez". Eles temiam, como sul-africanos brancos, que acabariam perdendo de vez os privilégios civis e que um regime desfavorável a eles logo daria fim aos sonhos de uma verdadeira democracia.

E, de fato, o caminho da África do Sul para a liberdade não estava a salvo de perigos, mesmo após o fim do *apartheid*. Grande parte do povo era desesperadamente pobre, raivosa e marginalizada por décadas de discriminação. A sede de democracia poderia ser facilmente sobrepujada pela sede de vingança.

Felizmente, o país encontrou em Mandela um líder de visão verdadeiramente inspiradora. Em pronunciamentos como seu discurso de posse, ele difundiu a mensagem de que esta era uma nova época para *todos* os sul-africanos, não uma revolução feita por alguns à custa de outros.

Hoje, na "Nação Arco-Íris", apesar de seus problemas sociais profundamente arraigados, a liberdade continua reinando.

Outros Episódios Notáveis

Em seu filme épico *Coração valente*, de 1995, Mel Gibson deu ao mundo um dos discursos extraídos da ficção mais imitados e parodiados dos últimos tempos.

    Esplêndido com seus cabelos longos e o rosto anacronicamente pintado de azul, Gibson, no papel de William Wallace, fala a seu exército de escoceses leais:

> Lutem e vocês poderão morrer. Fujam e vocês viverão, pelo menos mais um pouco. E daqui a muitos anos, quando estiverem morrendo em seu leito, vocês almejarão trocar todo esse tempo, de hoje até aquele dia, pela chance, apenas uma chance, de voltar aqui como jovens e dizer a nossos inimigos que eles podem nos tirar a vida, mas nunca nos usurparão a liberdade!

2001
Declaração de Guerra aos Estados Unidos

OSAMA BIN LADEN

(1957-2011)

Generoso e com uma voz calma e agradável, pelo menos segundo aqueles que o conheceram, Osama bin Laden foi um terrorista inusitado. Homem que esteve no topo da lista dos procurados pelos Estados Unidos durante uma década, ele era o décimo sétimo filho de um empreiteiro iemenita milionário que vivia na Arábia Saudita.

Na década de 1980, porém, Bin Laden abandonou as distrações mundanas para lutar contra os invasores soviéticos no Afeganistão. Com o apoio da CIA, entre outros, ele montou um campo de treinamento para guerreiros islâmicos nas províncias fronteiriças do Paquistão. Esse campo era chamado de "a base", ou, em árabe, *Al Qaeda*.

A guerra santa, ou *jihad*, no Afeganistão teve um êxito retumbante, e Bin Laden buscou um novo alvo para sua ira presumidamente divina. Quando tropas norte-americanas "infiéis" montaram bases no solo sagrado da Arábia Saudita antes da primeira Guerra do Golfo de 1991, os Estados Unidos viraram o alvo perfeito.

Ao longo do fim da década de 1990, Bin Laden lançou uma série de denúncias violentas e *fatwas* contra os "cruzados" americanos. Mas somente em 2001, com o ataque devastador de 11 de setembro ao World Trade Center em Nova York, ele ganhou notoriedade mundial.

—— O DISCURSO ——

[...]

O que os Estados Unidos sentem hoje é uma coisa ínfima em comparação com o que sentimos há dezenas de anos. Nossa nação sente essa humilhação e desrespeito há mais de oitenta anos. Seus filhos são mortos, seu sangue, derramado, seus lugares sagrados, atacados, e isso não é regido pelo que Deus determinou.

Apesar disso, ninguém se importa.

[...]

Até o momento, um milhão de crianças iraquianas já morreu no Iraque, embora elas nada tenham feito de errado [...]

Tanques e veículos de combate israelenses também entram para semear a devastação na Palestina, em Jenin, Ramallah, Rafah, Beit Jala e outras áreas islâmicas, e nós não ouvimos vozes protestando ou vemos ações sendo tomadas.

Mas se a espada cai sobre os Estados Unidos após oitenta anos, a hipocrisia ergue sua cabeça lamentando as mortes desses assassinos que mexeram com o sangue, a honra e os lugares sagrados dos muçulmanos.

No mínimo, pode-se descrever essas pessoas como moralmente depravadas.

Elas defendem a falsidade, apoiam o algoz contra a vítima, o opressor contra a criança inocente.

Que Deus lhes dê a punição que merecem.

[...]

Esses incidentes dividiram o mundo em duas regiões – uma da fé onde não há hipocrisia e outra da infidelidade, da qual esperamos que Deus nos proteja.

Os ventos da fé e da mudança sopraram para remover a falsidade da península [*Arábica*] do profeta Maomé, que as preces de Deus estejam com ele.

Quanto aos Estados Unidos, tenho poucas palavras para dizer a esse país e a seu povo: eu juro por Deus Todo-Poderoso, que ergueu os céus sem pilares, que nem os Estados Unidos nem quem vive nos Estados Unidos estarão em segurança antes que ela seja uma realidade na Palestina e antes que todos os exércitos infiéis saiam da terra de Maomé, que a paz e as bênçãos de Deus estejam com ele.

[...]

—— AS CONSEQUÊNCIAS ——

Essa mensagem foi transmitida pelo canal de notícias árabe Al Jazira um mês após a queda das Torres Gêmeas. Bin Laden aparece sentado em posição de lótus, em uma caverna escura, usando um turbante e uniforme militar, com um AK-47 encostado na parede rochosa atrás dele.

A retórica é perfeita. Duas semanas antes, George W. Bush dissera: "Ou vocês estão conosco ou estão com os terroristas". Bin Laden expressa a mesma opinião ao contrário quando separa o mundo em "duas regiões", assim estabelecendo o palco para um confronto global.

Anteriormente, suas palavras poderiam ser tomadas como ameaças vazias. Mas, com o 11 de Setembro, ele provou que podia cumprir o que dizia e realizar sua ambição sanguinária de uma guerra implacável contra o Ocidente.

Esse discurso fez o mundo entender que não estava lidando com criminosos, mas com guerreiros santos. A resposta, portanto, foi a guerra ao terror – que, uma década depois, ainda vigora. Embora ferozmente caçado, Bin Laden continuou livre por muitos anos.*

---

* Em 1º de maio de 2011, uma unidade Seal, força de elite da Marinha dos Estados Unidos, matou Bin Laden no complexo residencial em que ele vivia nos arredores de Abbottabad, noroeste do Paquistão. (N.T.)

2002
O EIXO DO MAL

PRESIDENTE GEORGE W. BUSH
(1946-)

Os ataques de 11 de setembro de 2001 ao World Trade Center em Nova York deixaram os Estados Unidos perplexos. Pela primeira vez desde Pearl Harbor um inimigo estrangeiro exterminara vidas americanas em solo americano, destruindo as confortantes ilusões de isolacionismo do país.

A resposta veio em um mês. Forças americanas e britânicas invadiram o Afeganistão e atacaram o regime terrorista do Talibã. Essa foi uma afirmação vigorosa do poder americano – o longo braço da legislação internacional varrendo continentes até o núcleo sombrio da Ásia central para extirpar um tumor pustulento de intenções hostis.

Tendo a vitória americana como pano de fundo, o presidente George W. Bush se preparou para fazer seu discurso de 2002 sobre o Estado da União. Ele não era um orador excepcional, sendo mais conhecido por certezas obtusas do que pela sofisticação retórica, mas este discurso acabou sendo um dos momentos decisivos da história dos Estados Unidos.

O DISCURSO

[...] Para muitos americanos, estes quatro meses têm sido de pesar e uma dor que nunca se apagarão por completo.

Todo dia um bombeiro aposentado volta ao Marco Zero para se sentir mais próximo de seus dois filhos que ali morreram.

Em uma cerimônia póstuma em Nova York, um garotinho deixou sua bola de futebol com um bilhete para seu falecido pai: "Querido papai, por favor, leve isto para o céu. Eu não quero jogar futebol enquanto não puder jogar de novo com você algum dia".

No mês passado, junto ao túmulo de seu marido Michael, agente da CIA e fuzileiro naval que morreu em Mazur-e--Sharif, Shannon Spann disse estas palavras de despedida: "Sempre fiel, meu amor". Shannon está conosco esta noite.

Shannon, eu asseguro a você e a todos que perderam um ente querido que nossa causa é justa e nosso país jamais esquecerá a dívida que tem com Michael e com todos que deram sua vida pela liberdade.

[...]

Nossa causa é justa e prossegue [...]

O que descobrimos no Afeganistão confirma que, longe de terminar ali, nossa guerra contra o terror está apenas começando. A maioria dos dezenove homens que sequestraram aviões no 11 de Setembro foi treinada em campos no Afeganistão, assim como dezenas de milhares de outros. Milhares de assassinos perigosos, formados nos métodos mais mortíferos, muitas vezes apoiados por regimes fora da lei, agora estão espalhados pelo mundo como bombas-relógio ativadas, preparadas para explodir sem aviso.

[...]

Minha esperança é que todas as nações considerarão nosso chamado e eliminarão os parasitas terroristas que ameaçam seu país e o nosso [...]

Alguns governos, porém, irão se intimidar diante do terror. E quanto a isso não se enganem: se eles não agirem, a América o fará.

Nossa [...] meta é impedir que regimes que apoiam o terror ameacem a América ou nossos amigos e aliados com armas de destruição em massa. Alguns desses regimes estão muito silenciosos desde o 11 de Setembro, mas nós conhecemos sua verdadeira natureza. A Coreia do Norte é um regime armado com mísseis e armas de destruição em massa, enquanto seus cidadãos passam fome.

O Irã está agressivamente atrás dessas armas e exporta o terror, enquanto uns poucos poderosos que lá estão sem ser eleitos reprimem a esperança de liberdade do povo iraniano.

O Iraque continua ostentando sua hostilidade pela América e a apoiar o terror. O regime iraquiano planeja desenvolver antraz, gás asfixiante, e armas nucleares há mais de uma década. Esse é um regime que já usou gás tóxico para matar milhares de seus próprios cidadãos – empilhando o corpo de mães sobre seus filhos mortos. Esse é um regime que concordou com as inspeções internacionais e depois expulsou os inspetores. Esse é um regime que tem algo a esconder do mundo civilizado.

Estados como esses, e seus aliados terroristas, constituem um eixo do mal se armando para ameaçar a paz mundial. Em sua ânsia por armas de destruição em massa, esses regimes representam um perigo grave e crescente. Eles podem fornecer essas armas aos terroristas dando-lhes os meios para manifestar seu ódio. Eles podem atacar nossos aliados ou tentar chantagear os Estados Unidos. Em qualquer desses casos, o preço da indiferença seria catastrófico.

[...] Todas as nações devem saber: a América fará o que for necessário para garantir a segurança da nossa nação.

[...]

Nossa guerra ao terror começou bem, mas apenas começou.

Esta campanha pode não acabar durante minha gestão presidencial – mas deve e será empreendida em minha gestão.

[...]

—— AS CONSEQUÊNCIAS ——

Assim que Bush proferiu as palavras "eixo do mal", elas começaram a repercutir nos círculos de poder ocidentais. Essa retórica quase bíblica não agradou os tecnocratas da Europa. Chris Patten, à frente do ministério das Relações Exteriores da União Europeia, alertou sobre os perigos de "posições absolutistas". O ministro francês das Relações Exteriores, Hubert Vedrine, repudiou esse novo "simplismo".

O discurso, porém, foi um sucesso entre a população americana. As feridas do 11 de Setembro ainda estavam abertas. Talvez o Afeganistão tivesse sido fácil demais e eles precisassem de uma grande cruzada para livrar o mundo de forças obscuras.

As palavras de Bush lançaram a base para quase uma década de envolvimento militar dos Estados Unidos no Oriente Médio. Até hoje, tropas americanas estão lutando no Afeganistão e o Iraque ainda está às voltas com a insurgência terrorista.

Ironicamente, a campanha que Bush lançou com seu discurso belicoso revelou não a força dos Estados Unidos, mas os limites de seu alcance global. Agindo unilateralmente no Oriente Médio, a nação mais poderosa do mundo vem esgotando seus recursos de forma grave e inesperada.

Outros Episódios Notáveis

George W. Bush comemorou o término oficial das operações de combate no Iraque com um discurso sobre a vitória, a bordo do *Abraham Lincoln,* um dos enormes porta-aviões dos Estados Unidos que haviam sido enviados para o Golfo.

Mas, apesar da importância da ocasião, poucos se lembram do que ele disse. Não havia uma expressão impactante como "eixo do mal" para repercutir no mundo livre.

O que se lembra com frequência, à medida que as baixas americanas foram aumentando nos anos subsequentes, é do estandarte que adejava lepidamente atrás dele: uma bandeira dos Estados Unidos com a inscrição "Missão Cumprida".

2003
Discurso na Véspera da Batalha

CORONEL TIM COLLINS

(1960-)

A segunda Guerra do Golfo começou em 2003 contra um pano de fundo de medo, raiva e incerteza. Na Grã-Bretanha, o primeiro-ministro Tony Blair defendia a importância de invadir o Iraque para obter provas concretas das alegadas armas de destruição em massa de Saddam Hussein. Saddam apoiava os terroristas, Blair advertia. Deixar seu regime intocado representava o risco de ataques devastadores a cidades britânicas.

No entanto, nas ruas de Londres, dezenas de milhares de manifestantes discordavam. O nome de Blair balançava nos cartazes de protesto erguidos pelas grandes multidões. Elas gritavam que ele era um lacaio britânico mentiroso, seguindo servilmente seu mestre americano em uma guerra injusta e insensata.

Nesse ínterim, no deserto da Arábia, tropas britânicas aguardavam ansiosamente pela ordem de invasão. Entre elas estava o tenente-coronel Tim Collins, do 1º Batalhão do Regimento

Real Irlandês e veterano do SAS, com mais de vinte anos de serviço. Sua determinação e seu caráter conquistaram o respeito de seus homens – que o chamavam "Garras" –, mas pouco reconhecimento público.

Isso, porém, estava prestes a mudar. Na véspera do dia do ataque, Collins reuniu seus homens e, sem preparação prévia, fez seu discurso incitando à batalha.

—— O DISCURSO ——

Nós vamos libertar, não conquistar. Não iremos hastear nossas bandeiras no país deles. Estamos entrando no Iraque para libertar um povo e a única bandeira que será hasteada nessa antiga terra é a do próprio país. Demonstrem respeito por eles.

Alguns que estão vivos neste momento poderão em breve perder a vida. Aqueles que não quiserem ir nessa missão serão dispensados. Quanto aos outros, espero que vocês chacoalhem o mundo deles. Acabem com eles, se for isso que eles preferirem.

Mas, se vocês forem ferozes no combate, lembrem-se de ser generosos na vitória. O Iraque está imerso em história. É o lugar do Jardim do Éden, do Grande Dilúvio e onde Abraão nasceu. Andem com delicadeza por lá.

Vocês verão coisas que não têm preço e terão um longo caminho pela frente até achar um povo mais decente, generoso e correto do que o iraquiano. Vocês ficarão embaraçados com sua hospitalidade, embora eles nada tenham. Não os tratem como refugiados, pois eles estão em seu próprio país [...] Nos anos vindouros eles saberão que a luz da libertação em sua vida foi trazida por vocês.

Se houver baixas de guerra, lembrem-se de que, quando eles acordaram e se vestiram de manhã, não tinham intenção de morrer nesse dia. Tratem a morte deles com dignidade, enterrando-os da forma apropriada e indicando o lugar do sepultamento.

Minha intenção primordial é que cada um de vocês continue vivo. Mas pode haver pessoas entre nós que não verão o término desta campanha. Nós as colocaremos em seus sacos de dormir e as mandaremos de volta para casa. Não haverá tempo para o pesar.

O inimigo não deve ter dúvida de que nós somos sua Nêmesis e estamos causando legitimamente sua destruição. Há muitos comandantes regionais que têm máculas na alma e estão atiçando o fogo do inferno para Saddam [...] Quando morrerem, eles saberão que seus atos os trouxeram para este lugar. Não tenham piedade deles.

É um grande passo tirar outra vida humana e isso não deve ser feito levianamente. Sei de homens que ceifaram vidas desnecessariamente em outros conflitos e posso assegurar a vocês que eles carregam a marca de Caim.

Se alguém se render a vocês, lembrem-se de que essa pessoa tem direitos pela lei internacional e certifiquem-se de que um dia ela possa voltar para sua família. Àqueles que desejam lutar, bem, nós esperamos satisfazê-los.

[...]

Quanto a nós, vamos tratar de voltar para casa e fazer que nossa passagem pelo Iraque o transforme em um lugar melhor.

Nosso negócio agora é o Norte.

—— AS CONSEQUÊNCIAS ——

Com sua mescla de alta oratória e coloquialismo de vestiário masculino, o discurso de Collins foi perfeito para animar a missão britânica no Iraque. Seus homens enfrentavam um inimigo cruel, um terreno inóspito e a ameaça das armas de destruição em massa. Collins estava lá para dar clareza e um senso de pertinência que fariam as tropas se sentirem mais seguras durante as provações que viriam.

    O discurso de Collins parece ter funcionado. Conforme ele afirmou posteriormente, seu batalhão, o 1º do Regimento Real Irlandês, ganhou mais terreno do que qualquer outra formação militar, sem registrar mortes ou danos físicos graves.

    Mas suas palavras, gravadas por uma jornalista britânica, teriam um alcance bem além das planícies do Iraque. Em Londres, o príncipe de Gales escreveu que o discurso resumia "tudo o que esperamos de nossas Forças Armadas". Nos Estados Unidos, dizem que o presidente Bush colocou uma cópia emoldurada do discurso na parede do Salão Oval.

Cinco anos depois, o discurso de Collins foi tema de uma reconstituição histórica na BBC, conduzida pelo grande ator Kenneth Branagh. Em uma época de profunda inquietação pública, o discurso tranquilizou as pessoas no Reino Unido no sentido de que talvez a invasão do Iraque fosse uma guerra justa – se não pelo propósito, pelo menos em sua execução.

Outros Episódios Notáveis

Durante a Guerra do Iraque em 2003, o ministro de Informação de Saddam, Muhammed Saeed al-Sahhaf, ficou famoso pelo que poderia ser chamado pronunciamentos "otimistas" sobre o esforço de guerra de seu governo. O pessoal da imprensa de Bagdá o apelidou de "Cômico Ali". Suas declarações, enquanto as forças da coalizão avançavam, incluíram pérolas como: "Nós vamos mandar esses escroques, esses mercenários, de volta para o brejo"; "Nossa avaliação inicial é de que todos eles vão morrer"; "Eles começaram a se suicidar sob os muros de Bagdá. Nós vamos encorajá-los a cometer mais suicídios rapidamente".

Até o fim, com tanques americanos claramente visíveis nas ruas atrás dele, al-Sahhaf continuou desafiador: "Não há presença de infiéis americanos na cidade de

Bagdá [...] Nós os sitiamos e matamos a maioria deles. Hoje a maré virou".

Em junho de 1924, o montanhista britânico George Mallory foi visto escalando as rochas íngremes da face norte do monte Everest. Ele jamais voltou. Só 75 anos depois uma equipe de montanhistas finalmente achou o corpo de Mallory, todo fraturado, congelado e descorado por décadas de sol e neve.

Até hoje um dos grandes mistérios do montanhismo é se Mallory conseguiu chegar ao topo do Everest. Se ele conseguiu, foi o primeiro a fazê-lo, e não a expedição bem-sucedida que lá chegou quase três décadas depois.

Mas, mesmo que tenha falhado, Mallory deixou um legado duradouro – uma resposta casual à pergunta de um repórter, a qual se tornou uma espécie de profissão de fé dos montanhistas. "Por que você quer escalar o monte Everest?", perguntou o repórter. Mallory respondeu: "Porque ele está lá".

2008
Discurso da Vitória

BARACK OBAMA

(1961-)

Barack Obama era um candidato improvável à presidência e até mesmo para ser o escolhido pelo Partido Democrata, pois consideravam-no jovem demais ou demasiado inexperiente para ocupar o cargo mais alto dos Estados Unidos. Quando anunciou que concorreria, em 2007, ele tinha apenas quarenta e poucos anos e atuara somente dois anos no governo federal.

Havia também a questão racial em jogo. Nascido no Havaí, de pai queniano e mãe branca do Kansas, Obama estava lutando para ser o primeiro presidente afro-americano do país.

Rapidamente ficou evidente, porém, que ele era dotado de um talento extraordinário para a oratória política. Em 2004, ainda relativamente desconhecido, fez um discurso pragmático na Convenção Democrata que o catapultou para a fama. Ele levara meses preparando esse pronunciamento – inclusive escapando no meio de sessões do Senado para anotar pensamentos –, mas o esforço foi amplamente recompensado. Seu discurso tocante sobre a unidade nacional fez delegados bradarem seu nome. Saído do nada, ele se tornou um candidato plausível para representar os democratas na eleição presidencial.

Após quatro anos e vários outros discursos instigantes, Barack Obama venceu a eleição presidencial fazendo história no decorrer do processo. Dirigindo-se a uma multidão de milhares de pessoas no Grant Park em Chicago, o presidente recém-eleito fez seu discurso da vitória.

—— O DISCURSO ——

Se existe alguém por aí que ainda duvida que a América é um lugar onde todas as coisas são possíveis; que ainda indaga se o sonho de nossos fundadores continua vivo até hoje; que ainda questiona o poder da nossa democracia, esta noite é a resposta.

Essa é a resposta dada pelas filas que se estendiam em volta de escolas e igrejas em números nunca vistos anteriormente nesta nação; por pessoas que esperavam três, quatro horas, muitas pela primeira vez em sua vida, porque acreditavam que desta vez tudo será diferente; que sua voz podia fazer a diferença.

Essa é a resposta dada por jovens e velhos, ricos e pobres, democratas e republicanos, negros, brancos, latinos, asiáticos, índios, gays, heterossexuais, deficientes físicos e não deficientes – americanos que enviaram uma mensagem ao mundo de que nós nunca fomos um conjunto de

Estados Vermelhos e Estados Azuis: nós somos e sempre seremos os Estados Unidos da América.

Essa é a resposta que levou aqueles que ouviam de tantos há tanto tempo para ser cínicos, medrosos e céticos a respeito do que podíamos conseguir a colocar suas mãos no arco da história e curvá-lo uma vez mais em direção à esperança de dias melhores.

Muito tempo se passou, mas hoje à noite, devido ao que fizemos nesse dia, nessa eleição, nesse momento decisivo, a mudança chegou à América.

[...]

O caminho pela frente será longo. Nossa ascensão será íngreme. Pode ser que nós não cheguemos lá em um ano ou até em uma gestão presidencial, mas a América – e eu nunca tive tanta esperança quanto nesta noite – chegará lá. Eu prometo a vocês – nós, como um povo, chegaremos lá.

Haverá reveses e ímpetos falsos. Muitos não concordarão com toda decisão ou plano de ação que eu empreenda como presidente, e nós sabemos que o governo não pode resolver todos os problemas. Mas serei sempre honesto com vocês a respeito dos desafios que enfrentamos. Eu os escutarei, especialmente quando nós discordarmos. E, acima de tudo, pedirei que vocês se unam no trabalho de reconstruir esta nação da única maneira praticada na

América por 221 anos – tora por tora, tijolo por tijolo, mão calejada por mão calejada.

O que começou 21 meses atrás nos rigores do inverno não deve terminar nesta noite de outono. Esta vitória por si só não é a mudança que buscamos – é apenas uma chance para efetuarmos essa mudança. E isso não vai acontecer se nós retrocedermos à maneira como as coisas eram. Isso não pode acontecer sem vocês.

[...]

E a todos aqueles que nos assistem esta noite além das nossas fronteiras, em parlamentos e palácios, àqueles que estão reunidos em volta de rádios em recantos esquecidos do mundo – nossas histórias são singulares, mas nosso destino é partilhado, e uma nova aurora da liderança americana está próxima. Àqueles que gostariam de arrasar este mundo – nós os derrotaremos. Àqueles que buscam a paz e a segurança – nós os apoiaremos. E a todos aqueles que questionavam se o farol da América ainda brilha com a mesma intensidade – esta noite nós provamos uma vez mais que a verdadeira força da nossa nação não deriva da potência de nossas armas ou da escala da nossa riqueza, mas do poder duradouro de nossos ideais: democracia, liberdade, oportunidade e esperança firme.

Pois esse é o verdadeiro talento da América – a América pode mudar. Nossa união pode ser aperfeiçoada. E o que nós já alcançamos nos dá esperança quanto ao que podemos e devemos alcançar no porvir.

[...]

Esta é a nossa chance de responder a esse chamado. Este é o nosso momento. Esta é a nossa vez – de colocar nosso povo de volta ao trabalho e abrir portas de oportunidade para nossos filhos; de retomar a prosperidade e promover a causa da paz; de recuperar o Sonho Americano e reafirmar aquela verdade fundamental – de que entre muitos somos um só; de que enquanto respirarmos, tivermos esperança e sempre que formos confrontados pelo cinismo e pela dúvida e pelos que dizem que não podemos, nós responderemos com aquela crença atemporal que resume o espírito de um povo: Sim, Nós Podemos.

Obrigado, Deus os abençoe e que Deus abençoe os Estados Unidos da América.

—— AS CONSEQUÊNCIAS ——

Para muitos que estavam presentes naquele dia, Obama, com sua mensagem de esperança e mudança, mais pareceu um salvador do que um político. Em uma pesquisa subsequente, a maioria dos americanos citou Obama como seu "herói pessoal", à frente inclusive de Jesus, Abraham Lincoln e Madre Teresa de Calcutá.

Ele era moderno, vigoroso e internacional. Formadores de opinião, com base na raiz queniana de Obama e no período em que viveu na Indonésia, o enalteceram como cidadão do mundo, alguém que acabaria com o destrutivo unilateralismo dos Estados Unidos. Em 2009 o novo presidente ganhou o Prêmio Nobel da Paz, apesar de estar no cargo havia menos de um ano.

Para seus detratores, o Prêmio Nobel foi mais um triunfo do estilo do que da substância. Eles admitiam que Obama era um orador brilhante, mas até então o que ele fizera de fato? As guerras no Oriente Médio continuavam em um impasse e com perspectivas desalentadoras. A economia estava patinando. O que o Congresso aprovara da legislação de Obama era perigosamente progressivo (na opinião da direita) ou maculado por concessões (na visão da esquerda).

Obama, porém, mostrou que tinha novas ideias, e, quando necessário, sabia muito bem como transmiti-las. É cedo demais para dizer qual será o real impacto de sua gestão como presidente, mas, armado de uma capacidade retórica tão formidável, ele e seus discursos realmente poderão algum dia mudar a história.

2011
EM DEFESA DO MEIO AMBIENTE

MARINA SILVA
(1958-)

Em 2007 Marina Silva foi incluída numa lista do jornal britânico *The Guardian* como uma das cinquenta pessoas decisivas para a salvação do planeta no século XXI. No mesmo ano recebeu o prêmio Campeões da Terra, a mais importante distinção da ONU para a defesa da natureza. No ano seguinte recebeu a medalha de mérito, a maior honraria do World Wide Fund For Nature (WWF)* e, um ano depois, os principais prêmios ambientais da Fundação Sophie (Noruega) e da Fundação Albert II (Mônaco), consagrando-se como uma das mais respeitadas líderes ambientalistas do mundo.

Uma dos onze filhos de uma família de migrantes nordestinos no Acre, Maria Osmarina Marina Silva Vaz de Lima nasceu em fevereiro de 1958 no seringal Bagaço, parte da comunidade Breu Velho, em plena selva amazônica. Vivia descalça e se manteve

* Em português, Fundo Mundial para a Natureza.

analfabeta, ajudando no sustento da família desde a infância. "Eu acordava sempre às 4 horas da manhã, cortava uns gravetos, acendia o fogo, fazia o café e uma salada de banana perriá com ovo. Esse era o nosso café da manhã." A situação da família se agravou muito com a morte de sua mãe. A vida precária e as condições insalubres levaram a menina frágil a contrair uma série devastadora de moléstias infecciosas: hepatite três vezes, malária cinco vezes e leishmaniose.

Com a saúde seriamente abalada, mudou-se para Rio Branco, em busca de tratamento. Trabalhava como empregada doméstica e vislumbrou a oportunidade de se educar. Fazia escola noturna e estudava durante as madrugadas. Em cerca de dez anos percorreu do ensino básico à universidade, formando-se em História. Completaria seus estudos com a pós-graduação em Psicopedagogia.

Em paralelo ao trabalho e aos estudos dedicou-se ao ativismo em causas sociais e ambientais, atuando com o grande líder seringalista Chico Mendes até seu assassinato. Filiada originalmente ao Partido dos Trabalhadores, teve carreira meteórica, sendo eleita sucessivamente como vereadora, deputada estadual e senadora, sempre com recorde de votos. Nomeada senadora pelo primeiro governo do PT, pôs em prática a mais ousada agenda ambientalista do período pós-ditadura.

Tão ousada, que causou reações adversas nos setores desenvolvimentistas do governo, forçando, em 2008, sua demissão do cargo e seu desligamento definitivo do PT. Após um curto período filiada ao Partido Verde, denunciou o estiolamento das estruturas partidárias e lançou a iniciativa por uma "nova política", baseada nos movimentos sociais, nas redes informatizadas e na inspiração das ondas de protesto mundial contra a ordem neoconservadora e a ocupação popular dos espaços públicos. Foi nesse sentido que ela propôs "a retomada do sonho".

── TRECHOS ──

"[...] O que nos constitui são as palavras. Elas é que são sementes, elas é que dão fruto. Sempre cultivei enorme fascínio pela palavra, dita ou escrita, sussurrada ou cantada, rústica ou erudita, de multidões ou de poucas vozes. Hoje reafirmo que as palavras foram mesmo meus melhores presentes. Ainda que em afiadas lâminas e pontiagudas setas, elas jamais deixaram de ser, para mim, as melhores instrutoras de meu trilhar persistente.

Nunca esquecerei a voz embargada de meu pai balbuciando as palavras que me autorizaram, aos dezesseis anos, a ir para a capital do meu Acre, cuidar da saúde e estudar. [...] Como esquecer os sofisticados presentes que recebi, nas palavras não ditas, do meu tio mateiro, sábio homem, talhado na arte de escutar o silêncio? Como entender meu gosto pela oratória sem a veia poética de minha avó e mãe de parto, que recitava para mim as cantorias de martelo de seu agreste sertão cearense, em pequenas amostras do poder evocado pela palavra, na força criativa e criadora do verbo que comanda toda a ação?

[...] Palavras escritas, silenciadas ou ditas são as nossas mais firmes superfícies de sustentação."

"[...] O que hoje não está na rede parece nem fazer parte da realidade. Tudo precisa ter um pé – quando não todo o corpo – na internet. E ter acesso a ela hoje passa a ser direito, a ter relação com a cidadania, a ser uma nova forma de alfabetização e de inclusão. Toda essa força e velocidade de comunicação e informação, impensável há algumas décadas, parece ter vida própria, o que resulta em gigantesca dinâmica de transformação cultural. É uma mídia coletiva e anárquica, que soma esforços e inventividade de um sem-número de pessoas – a maioria delas anônimas.

[...] A internet tem permitido, em nosso conturbado tempo, o advento de novo sujeito político, o que não aceita mais o lugar de mero espectador da política e luta para ampliar sua ação prospectando novos aplicativos para a democracia. Tenho chamado esse processo de democracia prospectiva, na qual não são os sujeitos ungidos, nos mais variados setores, que têm a prerrogativa de propor e criar novos aplicativos para a democracia. A internet permite que, em todo o mundo, bilhões de pessoas busquem o seu espaço de expressão autônoma, ampliando o alcance da democracia."

"[...] A sociedade continua refém de uma política que se isola da vida: empobrecida, burocratizada e sem estadistas. Verdadeiros líderes são os que se apresentam nas crises, que se dispõem a ajudar a sociedade a fazer o que precisa ser feito, em nome do bem comum e dos mais nobres valores humanitários. E uma política sem estadistas interessa a quem não quer mudanças.

Quantos presidentes ou chefes de Estado estiveram em Durban (na Conferência da ONU sobre Mudança Climática)? Quantos dão importância ao tema em sua agenda? Infelizmente, a discussão da crise climática perde para assuntos menores. O exílio da ciência, a domesticação dos políticos e a burocratização das negociações são a melhor forma para se perpetuar a mediocridade no âmbito multilateral."

"É Hora de Agir Pelos Nossos Sonhos – Discurso Por Uma Nova Política", Encontro por uma nova política, São Paulo, 7 de junho de 2011.

―――

"[...] O sistema político brasileiro está empedernido e sem capacidade de abrir-se para sua própria renovação. Se antes dissemos 'chegou a hora de acreditar', afirmo hoje: chegou a hora de ser e fazer, de nos movimentarmos de acordo com as redes e pessoas que expressam a chegada do futuro e o constroem na prática, no dia a dia.

A proposta do desenvolvimento sustentável é inseparável de uma política sustentável. Não podemos falar das conquistas de nosso país separando-as da baixa credibilidade do sistema político, dos desvios éticos tornados corriqueiros, da perplexidade da população diante da transformação dos partidos em máquinas obcecadas pelo poder em si e cada vez mais distantes do mandato de serviço que estão obrigadas a prestar à população. A ideia de desenvolvimento não pode estar desvinculada da existência de um sistema político democrático consolidado, tanto na sua face representativa quanto na sua imprescindível dimensão participativa direta.

[...] Como alguém já disse, o ideal que move as pessoas para melhorar o mundo em que vivem e onde, no futuro, outros irão viver, deve estar na popa e não na proa, a nos impulsionar para o futuro. Não é hora de ser pragmático, é hora de ser sonhático e de agir pelos nossos sonhos."

—— AS CONSEQUÊNCIAS ——

Desde a redemocratização (1986), a cena política foi dominada pelos dois partidos surgidos da oposição ao regime militar, o Partido Social Democrático Brasileiro e o Partido dos Trabalhadores. Como se tornaram rivais, o único modo de um prevalecer sobre o outro seria se aliando à miríade de outros partidos, reunindo os grupos oportunistas e conservadores que haviam apoiado o regime militar. A própria lógica da dinâmica partidária, portanto, deu vida nova a grupos retrógrados e a múltiplas formas de corrupção, nepotismo e apropriação privada e político-partidária dos recursos públicos.

A estabilização monetária, que conteve a hiperinflação herdada da ditadura, foi feita ao custo da elevação dos juros e da dívida pública num grau que comprometeu os investimentos cruciais em educação, saúde, moradia e infraestrutura. A compensação se fez na forma de políticas focadas de redistribuição de benefícios, capazes de ampliar o consumo, mas não necessariamente de prover serviços sociais básicos de qualidade. O processo de globalização e a ascensão colossal da demanda chinesa, por sua vez, reconfiguraram a economia brasileira por um padrão agrário-extrativista de minérios e recursos naturais. Dessa forma, as forças políticas dominantes convergiram para a adoção das diretrizes da ordem global neoconservadora, típicas do turbocapitalismo contemporâneo.

A figura delicada de Marina Silva, nesse contexto, irradia o eco de gentes, criaturas e ambientes naturais tornados particularmente vulneráveis numa ordem dominada pela desregulamentação financeira, pelo desenvolvimentismo desenfreado, pelas práticas predatórias, pelo consumo compulsivo, pela concentração das riquezas e pela desigualdade social e regional calamitosa. Num mundo reformulado pela conectividade eletrônica, no qual interagem os agentes globais e locais, a força de esperança que ressoa em sua voz nos reconcilia com as visões de Vieira, Caneca, Silva Jardim e da *Carta aos Brasileiros*. Ela nos alerta que, uma vez mais e talvez mais que nunca, "é hora de agir pelos nossos sonhos".

Fontes dos Discursos Estrangeiros

John Ball: www.nationalarchives.gov.uk/humanrights/

Napoleão Bonaparte: http://www.gutenberg.org/cache/epub/3563/pg3563.txt

Presidente George W. Bush: http://www.americanrhetoric.com/speeches/stateoftheunion2002.htm

Winston Churchill: http://bit.ly/gyByW; http://bit.ly/eJiYsz; http://bit.ly/9kehYn

Cícero: http://www.perseus.tufts.edu/hopper/text?doc=Perseus:text:1999.02.0021:speech%3D13

Coronel Tim Collins: http://www.telegraph.co.uk/comment/3562917/Colonel-Tim-Collins-Iraq-war-speech-in-full.html

Oliver Cromwell: http://www.emersonkent.com/speeches/dismissal_of_the_rump_parliament.htm

Demóstenes: http://www.perseus.tufts.edu/hopper/text?doc=Perseus:text:1999.01.0070:speech=9

Elizabeth I: http://www.bbc.co.uk/radio4/history/elizabethan_echoes/quotes.shtml

Mahatma Gandhi: http://www.mkgandhi.org/speeches/bhu.htm

Giuseppe Garibaldi: http://www.emersonkent.com/history_notes/giuseppe_garibaldi.htm#I_offer_hunger,_thirst,_forced_marches,_battles,_and_death

Charles de Gaulle: http://www.guardian.co.uk/theguardian/2007/apr/29/greatspeeches1

Adolf Hitler: http://bit.ly/hDVDwa

Homero: http://www.perseus.tufts.edu/hopper/text?doc=Perseus:text:1999.01.0217:book%3D1:card%3D240

Jesus: http://www.kingjamesbibleonline.org/

Chefe Joseph: http://www.nezperce.com/npedu11.html

Presidente John F. Kennedy: http://www.jfklibrary.org/AssetViewer/BqXIEM9F4024ntFl7SVAjA.aspx

Martin Luther King Jr.: http://www.americanrhetoric.com/speeches/mlkihaveadream.htm

Osama bin Laden: http://news.bbc.co.uk/1/hi/world/south_asia/1585636.stm

Presidente Abraham Lincoln: http://www.americanrhetoric.com/speeches/gettysburgaddress.htm

Harold Macmillan: http://www.famous-speeches-and-speech-topics.info/famous-speeches/harold-macmillan-speech-wind-of-change.htm

Malcolm X: http://www.historytimes.com/fresh-perspectives-in-history/black-history/famous-african-americans/329--the-ballot-or-the-bullet-speech-malcolm-x

Nelson Mandela: http://bit.ly/g2kC9f

Jawaharlal Nehru: http://www.guardian.co.uk/theguardian/2007/may/01/greatspeeches

Barack Obama: http://bit.ly/gvWjLh

Emmeline Pankhurst: http://www.guardian.co.uk/theguardian/2007/apr/27/greatspeeches1?INTCMP=ILCNETT XT3487

General George S. Patton: http://www.5ad.org/Patton_speech.htm

Patrick Pearse: http://www.emersonkent.com/speeches/ireland_unfree_shall_never_be_at_peace.htm

Péricles: http://www.perseus.tufts.edu/hopper/text?doc=Perseus:text:1999.04.0105:book%3D2

Presidente Ronald Reagan: http://www.reaganfoundation.org/pdf/Remarks_on_East_West_Relations_at_Brandenburg%20Gate_061287.pdf

Maximilien Robespierre: http://www.historywiz.org/primary-sources/justificationterror.htm

Franklin Delano Roosevelt: http://bit.ly/d7j9DR

William Shakespeare: http://www.chronique.com/Library/Knights/crispen.htm

Josef Stalin: http://www.ibiblio.org/pha/timeline/411107awp.html

Aung San Suu Kyi: http://www.thirdworldtraveler.com/Burma/FreedomFromFearSpeech.html

Margaret Thatcher: http://www.margaretthatcher.org/document/104431

Sojourner Truth: http://historymatters.gmu.edu/d/5740/

Papa Urbano II: http://www.fordham.edu/halsall/source/urban25vers.html

Mao Zedong: http://www.marxists.org/reference/archive/mao/works/redbook/ch05.htm

Fontes dos Discursos Brasileiros

Padre Antonio Vieira

Antonio Vieira e o Império Universal – A Clavis Prophetarum e os documentos inquisitoriais – Silvano Peloso. Rio de Janeiro: De Letras (Instituto de Letras da UERJ), 2007, p. 35.

Uma questão de igualdade. Antonio Vieira – a escravidão negra na Bahia do século XVII – Magno Vilela. Rio de Janeiro: Relume-Dumará, 1997, p. 67, 93 e 126.

Vieira, vida e palavra – Silvia Maria Azevedo e Vanessa Costa Ribeiro (Orgs.). São Paulo: Edições Loyola, 2008, p.129.

Frei Caneca

Obras políticas e literárias. Tomo I, 1ª ed., Recife, Tipografia Mercantil, 1875. Pp. 39-47.

In *Textos políticos da História do Brasil*. Vol I. Brasília/Senado Federal, 2002, pp. 783-4

Marina Silva

"É Hora de Agir Pelos Nossos Sonhos – Discurso Por Uma Nova Política", Encontro por uma nova política, São Paulo, 7 de junho de 2011.

"Ela Tem a Força", *Folha de S. Paulo*, 30 de dezembro de 2011.

"Democratizar a Democracia", *Folha de S. Paulo*, 10 de fevereiro de 2012.

"Demasiado Tarde?", *Folha de S. Paulo*, 16 de dezembro de 2011.

Extraído de Obras políticas e literárias. Tomo I, 1. ed., Recife: Tipografia Mercantil, 1875, p. 39-47.

In: Textos políticos da História do Brasil. Vol I. Brasília: Senado Federal, 2002, p. 783-4.

Agradecimentos

O autor e a editora fazem os seguintes agradecimentos pela permissão de usar material resguardado por direitos autorais:

Winston Churchill: Reproduzido com permissão de Curtis Brown Ltd, Londres, em nome do Estate of Sir Winston Churchill: Copyright © Winston S. Churchill.

Coronel Tim Collins: Copyright © Tim Collins 2003.

Martin Luther King Jr.: Reimpresso por acordo com The Heirs to the Estate of Martin Luther King Jr., a/c Writers House como agente dos proprietários, Nova York, NY. Copyright 1963. Dr. Martin Luther King Jr.; direitos autorais renovados 1991 Coretta Scott King.

Nelson Mandela: Excertos reproduzidos com permissão da Fundação Nelson Mandela.

George S. Patton: da coleção de Charles M. Province, The George S. Patton, Jr. Historical Society, www.pattonhq.com.

Margaret Thatcher: Excertos reproduzidos com permissão de www.margaretthatcher.org, o website da Fundação Margaret Thatcher, onde encontra-se o texto na íntegra.

Este livro foi composto em Adobe Garamond Pro para a Editora Prumo
e impresso pela Orgrafic Gráfica e Editora Ltda.